Monica Koren

A ORQUÍDEA SAGRADA

CB040146

Copyright© 2021 by Literare Books International
Todos os direitos desta edição são reservados à Literare Books International.

Presidente:
Mauricio Sita

Vice-presidente:
Alessandra Ksenhuck

Diagramação e projeto gráfico:
Gabriel Uchima

Ilustrações:
Amanda Câmara

Consultoria de escrita:
Central de Escritores, Rose Lira e Gabriella Maciel Ferreira

Revisão e preparação:
Ivani Rezende

Diretora de projetos:
Gleide Santos

Diretora executiva:
Julyana Rosa

Relacionamento com o cliente:
Claudia Pires

Impressão:
Impressul

Dados Internacionais de Catalogação na Publicação (CIP)
(eDOC BRASIL, Belo Horizonte/MG)

K84o	Koren, Monica.
	A orquídea sagrada / Monica Koren. – São Paulo, SP: Literare Books International, 2021.
	14 x 21 cm
	ISBN 978-65-5922-101-1
	1. Autoconhecimento. 2. Superação. 3. Sucesso. I. Título. CDD 158.1

Elaborado por Maurício Amormino Júnior – CRB6/2422

Literare Books International.
Rua Antônio Augusto Covello, 472 – Vila Mariana – São Paulo, SP.
CEP 01550-060
Fone: +55 (0**11) 2659-0968
site: www.literarebooks.com.br
e-mail: literare@literarebooks.com.br

Monica Koren

A ORQUÍDEA SAGRADA

Dedico este livro a meus pais,
Cathy e Roberto Faldini,
que me trouxeram ao mundo e
me deram a oportunidade de
escrever a minha própria história.

A minha mãe sempre me ensinou
a amar a beleza das orquídeas que,
para mim, reflete o amor familiar.

AGRADECIMENTOS

Em 2017 fui acometida pelo meu segundo câncer e, na noite anterior a minha segunda cirurgia, já que a primeira não foi bem-sucedida, entrei no hospital entregue à cura pela meditação. A única coisa que vinha a minha mente era que precisava escrever um livro. Demorou, procrastinei, tive medo, deixei em banho-maria, mas as palavras: "termine seu livro, trilhe seu caminho sem medo e com a coragem de ser você mesma!", prevaleceram.

Primeiramente, agradeço a D'us a chance de aprender pelo amor do que pela dor.

Agradeço a meus pais Cathy e Roberto, os quais amo com amor infinito, honro e agradeço por tudo o que me presentearam na vida, me proporcionando o necessário para voar e buscar meus sonhos.

Quero agradecer a meu marido, meu companheiro, meu grande amor Jorge, por juntos vivermos a vida na direção de sermos seres humanos melhores a cada dia. O seu desejo de acertar sempre e diligentemente é definitivamente a qualidade que mais admiro nele. Com ele, sou minha melhor versão.

Aos meus cinco filhos: Joshua, Esther, Rebeca, Rachel e Benjamin, os quais me tiraram da postura de conforto da vida e me fazem realizar o impossível para que os entenda e os ajude a abrir as portas de suas Missões pessoais. "Sou um ser humano melhor ao me tornar mãe de vocês. Rogo que o Eterno guie, guarde, abençoe e ilumine vocês pelo caminho do amor em suas vidas".

Quero agradecer ainda ao rabino Joseph Saltoun, quem me ensinou e me inspirou a sair da zona de conforto e me desafia semanalmente a dar mais um passo sempre.

Gratidão ainda aos meus irmãos e ao universo, por tornarem minha vida um ímã de pessoas e possibilidades maravilhosas, tornando-a um presente a cada dia. Amo viver.

Monica Koren

PREFÁCIO 1

Pela divina sabedoria da *Kaballah* (Cabalá), aprendemos que este mundo foi criado, principalmente, para que o homem tivesse um espaço físico onde conseguisse realizar a missão dele, que é ativar, potencializar e, por final, praticar a sua consciência divina. Porém, ao ver as dificuldades, desafios e tentações que encontraria e, ao perceber as suas fraquezas, Deus (*Elohim*) criou a mulher para apoiá-lo e auxiliá-lo.

Ao longo de toda a História da humanidade, quando o homem se desviou desse caminho, surgiram mulheres que assumiram o papel do homem para não deixar o mundo cair na escuridão e no caos.

Quando apareceu Nabucodonosor, que incorporou a absoluta vaidade e quis destruir o mundo e exterminar a ordem divina, o homem ficou paralisado perante essa força negra e consciência maligna.

Naquele momento tão crítico e perigoso, o Espírito despertou-se em Judite (*Iehudite* – filha de *Iehudá*). Ela se expôs a serviço do homem e da humanidade e, com muita coragem, aniquilou a fonte do mal, restabelecendo a ordem divina na Terra.

Este livro descreve a coragem de uma mulher que sai da zona do conforto e se oferece a serviço do divino. Ela planta as sementes no jardim e cuida delas com amor e carinho, para garantir a continuidade dos seus descendentes.

Essas são as almas sagradas plantadas na Terra para garantir a continuidade da tradição, da ética e da consciência justa e divina dos céus.

É uma obra admirável! Meus parabéns, querida Monica (*Iehudite*)!

Rabino Joseph Saltoun - Mestre de Kaballah

PREFÁCIO 2

Em 2019, chegou uma linda "orquídea" no meu escritório. Tive o prazer de conhecer a Mônica mais de perto. Ela chegou com muitos incômodos, medos e dúvidas, porém maior do que tudo isso era seu desejo de descobrir o que ainda não conhecia de si. Mais do que um processo de identificação do que lhe faltava foi de reconhecimento do que lhe sobrava: beleza e luz!

A orquídea é uma das plantas que oferece o maior número de variedades, cores, tamanhos e formas. Todas são belas. Mônica é exatamente assim. Aos meus olhos, brilha sua sabedoria em lidar com suas versões variadas de sombra e luz, de medo e coragem, de terra e céu. Ela é de tantas cores, de tantos tamanhos e de tantas formas ao mesmo tempo. Ao longo do processo, foi bonito vê-la acolher sua força com o mesmo amor que já acolhia sua fraqueza, vencer o medo da própria luz e permitir-se expressar sua beleza de tantas formas variadas.

A Mônica tem uma alma tão simples. Para ela, as melhores risadas estão no dia a dia da vida. Ela vê milagres acontecerem no seu cotidiano. Aprecia "o banquete mesmo com travessas e talheres bagunçados sobre a mesma mesa". Enxerga beleza em tudo que vê. Como ela diz: "a vida tem borboleta, lago e lama".

Ao ler sobre Judith, vi a coragem da Mônica de revelar por meio da personagem tanta verdade de si. Com sua humildade e ousadia, ela revela o que a amedrontava e relata o que se libertava em cada experiência vivida. A forma que ela apresenta seu olhar da vida mostra também sua grande capacidade de viver, aprender com o vivido, ensinar o que viveu e tocar os corações com a própria experiência de vida. Certamente Mônica é uma pessoa que veio ao mundo disposta a cumprir com sua missão. Ela não se desconecta do milagre que é despertar para uma nova vida a cada manhã. Ela transforma sentimento em conhecimento, conhecimento em sentimento e os dois em vida real.

A meu ver, *A Orquídea Sagrada* é um transbordamento do que já não cabia mais dentro da Mônica. Em cada página, vejo uma combinação de razão, emoção e traços da sua personalidade que sabe tocar sensivelmente valores tão humanos e universais.

Meu trabalho foi só de fazer faxina na lâmpada empoeirada que sempre esteve acesa. Esta linda obra mostra sobretudo uma história de permissão à sua luz e, ao fazer isso, ela naturalmente convida a todos nós para fazer o mesmo.

Marília Fiuza - Business coach

APRESENTAÇÃO

O livro *A Orquídea Sagrada* descreve a história de uma personagem de muita força e sensibilidade. Pelo processo de autoconhecimento, Judith encontra coragem e determinação para fazer um real balanço de sua vida.

A trajetória da narrativa se inicia na fase adulta da personagem, quando Judith, tendo já construído sua família, casada e com seus filhos, resolve fazer uma viagem sozinha. Durante este encontro consigo mesma, ela tem a possibilidade de relembrar fatos da infância, as lições da sua avó, pela contação de histórias, e os encontros familiares no *Shabat*, seus dias preferidos. Nesse processo, ela entende o significado profundo que a família teve para sua formação pessoal e a importância da construção do próprio legado perante as próximas gerações.

Entretanto, Judith faz uma análise profunda sobre como algumas interações familiares e relacionamentos podem acabar sufocando a liberdade do ser e impedir o florescimento dos sonhos em todas as estações da vida. Nesse momento, ela compreende o significado do casamento entre almas gêmeas e a importância da formação de uma família, afinal o "felizes para sempre" dos contos de fadas é o ponto de partida, o início da vida real a dois.

Um presente especial foi desenvolvido dentro do livro: a busca pela sabedoria da Verdade, a reconexão com nossa alma. Nesse espaço, o leitor entrará em contato com alguns ensinamentos da *Kaballah* e entenderá um pouco mais do universo por meio desse ensinamento sagrado.

A autora Monica Koren descreve algo que ousa ir muito além de uma história romântica, ela aborda com uma linguagem clara e autêntica temas essenciais ao desenvolvimento humano: herança sistêmica, autossu-ficiência, preconceito social, espiritualidade e propósito da alma. Portanto, caro leitor, aprecie os capítulos desta obra como o florescer de uma orquídea e reflita sobre seus ensinamentos sagrados para um viver com propósito alinhado a sua alma. Pois não é sobre ser diferente, é sobre ter a coragem de ser você mesmo.

SUMÁRIO

A dignidade da princesa está no interior, mais do que no traje dourado que ela usa.

Salmos 45:14

ENCONTROS & DESENCONTROS COMIGO MESMA

Você não consegue ligar os pontos olhando para o futuro; você só consegue conectá-los olhando para o passado. Portanto é necessário confiar que os pontos se conectarão de alguma forma no futuro.

Steve Jobs

...Portanto nenhum passo é perdido, todos são pontos necessários para que sua constelação se forme!

Judith completa o pensamento de Jobs

ENCONTROS & DESENCONTROS COMIGO MESMA

Era a primeira vez, após 15 anos de casada e seus filhos nascidos, que Judith viajava acompanhada de si mesma por 18 dias, embora não estivesse indo para um Spa cinco estrelas na Costa do Pacífico para relaxar, meditar, ler e curtir, tipo a viagem de *Comer, Rezar e Amar*, da Elizabeth Gilbert.

Nesses 18 dias foram 14 voos e quatro viagens de carros, dando exatamente uma por dia, porém não nessa ordem, mas uma viagem cheia de aventuras, desencontros, onde exercitou muito a coragem, flexibilidade e a entrega, algo bem novo em sua vida, pois era mega controladora. Realmente não sabia ao certo o que esperar desse reencontro.

Na primeira infância, jogou todas suas expectativas em seus pais que, claramente, jamais poderiam supri-las, pois ninguém pode ser responsável pela felicidade alheia. Depois de casada, projetou a felicidade no marido e nos filhos, sendo refém de uma falsa ilusão de um casamento e filhos perfeitos, presa ao jargão:

— Viveram felizes para sempre.

Jogar as expectativas da própria felicidade em terceiros é algo que deveria ser proibido na vida e já estava na hora de uma reconexão consigo mesma, pensava Judith.

Chegou o momento de olhar para o seu passado e entender de onde veio. Olhar para o casamento e família, como o principal papel de sua vida, mas não como único. Se autorizar às mudanças, readequação dos caminhos, tudo para reencontrar-se com a missão da sua alma. Olhar para dentro, chorar as dores, verificar o que cresceu e ressignificar suas escolhas foi o que se propôs a fazer nessa viagem, fazer um real balanço de sua vida.

Não foi fácil, foi muito dolorido, mas se deu o direito de renovar seus votos consigo mesma, e voltou, enfim, para a mesma casa e para a mesma família, uma pessoa diferente, aceitando quem é, com suas limitações e defeitos. Com coragem e sem medo de expor suas fraquezas com desejo de olhar para dentro, acolher e transmutar.

A sociedade na qual vivemos nos ensina rapidamente a focar nos erros, na punição e no pecado, pois a humanidade está doutrinada há 2000 anos ao medo. Medo de sermos maus e irmos para o inferno. Dessa forma, estamos dominados pela escuridão, sucumbindo à nossa sombra e nos tornando capengas, seres de meias verdades, seres bonzinhos para chegar ao céu, mas esse definitivamente não era o caminho e Judith sabia disso.

A psicologia positiva existe, é efetiva, mas dá muito trabalho e faz necessário tempo para se descobrir e se desenvolver. Chegou a hora de juntar as peças e ter a certeza de quem é, ter a coragem de assumir que é parte da divindade, de se entregar, seguir em frente, descobrir para que veio, ciente da plena capacidade de assumir sua missão, deixando de se esconder neste mundo. Resolveu assumir o seu brilho, iluminar os seus caminhos e espalhar Luz naqueles que caminham por perto, sem medo de expor suas fraquezas, mas com o desejo de transformá-las em luz.

Certa vez, quando seu filho mais velho tinha 7 anos de idade, chamou-a em seu quarto e disse:

— Mãe, descobri! A vida é um espelho e tudo o que fizer, der ou falar, volta, exatamente como no espelho.

Judith ficou estupefata, a cena a marcou muito. Uma, por vir de seu filho, outra, por ser uma daquelas frases que saem como uma bomba da boca de uma criança inocente, uma lição de vida bem dada. Ele, com tão pouca idade, já percebia como funcionam as leis da ação e reação.

Foi nesse momento incrível que Judith começou a ter consciência de que os filhos vêm para ensinar os pais e não o contrário, como a maioria das pessoas pensa. Essa definição perfeita foi reelaborada e é usada desde então da seguinte maneira:

Sou exatamente o meu mais puro reflexo interno, a cada e em todos os momentos de minha vida!

Com isso dito, claro que sua viagem não poderia ser diferente. Ela estava em estado de ebulição interna, revendo toda a sua existência e o momento vivido em seu interior se manifestou na viagem.

E quando tudo parece dar errado?

A essa altura já era para estar de volta a São Paulo, em casa com sua família para assistir ao 3º jogo do Brasil na copa do Mundo de 2018, contra a Sérvia. Era para ser um simples voo de Miami para São Paulo. Mas como já não era mais a mesma, a expressão "como sempre" não lhe servia mais e Judith precisou ser e agir diferente, aceitar a ajuda das forças do universo se colocando numa viagem cheia de surpresas, incertezas, voos atrasados e perdidos; afinal de contas, o lugar de onipotente, de seguir os planos no controle de tudo, já não era mais seu. Desceu na estação e deixou o controle para trás.

Houve uma tempestade em Chicago que alterou o mapa aéreo naquela noite, e o voo no qual deveria partir com destino ao Brasil mudou de rota para Houston, no Texas. Era para voar rumo a Sudeste, mas a aeronave voava na direção oposta, indo a Noroeste; um voo turbulento e os passageiros muito tensos. Seu destino era sair de Miami para o aeroporto de Guarulhos, onde existem dezenas de voos diretos diariamente e foi mandada para o Texas com cinco horas de atraso e sem acesso à bagagem despachada, totalmente perdida.

Quando desembarcou em Houston, o pessoal da companhia aérea lhe entregou dois cartões de embarque, saindo do Texas para o Brasil dali a poucas horas onde voaria por mais 24 horas para chegar ao seu destino. Sem controle algum, as lágrimas brotavam do seu rosto.

Já eram 2h30min da madrugada, o aeroporto de Houston fechado, Judith precisava encontrar um hotel limpinho e barato para tomar um banho, dormir um pouco e estar de volta ao aeroporto horas mais tarde para tentar mudar aquelas conexões ridículas.

Para qualquer pessoa num estado pleno, seria um voo perdido, uma mudança de rota, somente um processo chato e nada a mais do que isso. Mas para Judith, naquele momento em que não se encaixava em nenhum padrão de comportamento antigo e sem saber ainda como se portar de maneira diferente condizente com a sua nova vibração energética, compreendeu que era necessário passar por aquele processo.

Chorou não de medo, pois no fundo do seu coração sabia que estava tudo certo, chorou para limpar a visão, chorou por estar se sentindo tão perdida na vida, percebendo o caos total externo, de estar no meio do Texas sem ninguém para se escorar ou se projetar, sem seus filhos que sempre a fazem seguir em frente, sem saber como ou para onde ir, ou aonde e quando chegaria. Também teve medo de que se algo de fato lhe acontecesse, ninguém saberia onde estava, e o que estava acontecendo, por fora era o reflexo perfeito, sem tirar nem pôr, de seu estado interno.

Depois de um choro suprimido no aeroporto e um choro desesperador sentada nua embaixo do chuveiro, já no hotel, com uma vontade enorme de gritar tudo o que estava entalado em sua garganta, estava totalmente desestruturada implorando a D'us por misericórdia e que lhe guiasse, tentando encontrar forças internas para conseguir recuperar o ritmo da respiração e se acalmar. Foi quando resolveu olhar para dentro e aceitar.

Caiu num sono profundo, acordando às nove horas do dia seguinte, sem saber onde estava, com a sensação de calmaria depois da tempestade.

Para seus familiares que a esperavam e ela não chegara, foi só uma noite e um voo perdido, mas essas nove horas de profundo contato íntimo, sem ter para onde fugir de si mesma, sem desculpas, como se fora o dia do juízo final, fizeram-na se reconectar.

Tomou um bom banho, um café preto e foi para o aeroporto, onde sem demora conseguiu mudar os voos repletos de conexões para um voo direto naquela mesma noite. Não pôde despachar sua bagagem até quatro horas antes do voo, o que lhe obrigou a permanecer no aeroporto e, já bem mais tranquila, resolveu reorganizar seus sentimentos e pensamentos, vendo ali a sua vida e os passageiros em trânsito passarem diante de seus olhos, como num filme.

Foi tomar café da manhã e sentou-se com uma xícara de chá de hortelã quente acompanhada de si mesma, suas malas e memórias. Lembrou-se de uma tarde deliciosa de um café com bolo na casa de sua melhor amiga de infância, Karen.

Numa sexta-feira, uma conversa entre preparativos para um verdadeiro deleite da alma, os preparativos para o *Shabat*, o sétimo dia, o dia do descanso pela religião judaica, onde faziam a massa da Chalá, pão trançado que se come na sexta-feira à noite, na hora do *Kidush*, a santificação antes do jantar.

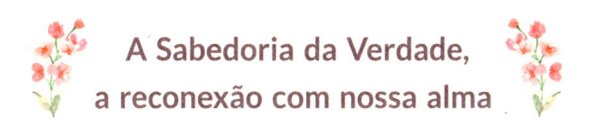

A Sabedoria da Verdade, a reconexão com nossa alma

O Shabat é o 7º dia descrito no velho testamento, "... 6 dias trabalharás e no 7º descansarás". Ocorre toda sexta-feira feira no pôr do sol até sábado ao anoitecer; são proibidos quaisquer trabalhos, ou uso de dinheiro neste dia, inclusive o de cozinhar. Prepara-se a alimentação para toda a família de sexta-feira às 18:00 horas até sábado ao entardecer, com o propósito de descansar e recuperar a força da alma sobre o corpo. O Shabat se inicia com as três primeiras estrelas que aparecem no céu e com o acendimento das velas. O ritual da santificação do vinho e do pão nos eleva a um nível onde paramos as batalhas entre corpo e alma por 24 horas e recarregamos nossa bateria espiritual por mais sete dias, até o próximo Shabat.

A luz emanada das velas acesas em cada lar pelas mulheres dura sete dias, onde o anjo do bem se sobrepõe ao anjo do mal e neste momento se alcança pela elevação da consciência a transmutação da energia da tensão diária em energia do paraíso em cada lar.

O vinho representa o sagrado, a nossa alma, que deve reinar e governar, mas sem ser soberbo. Nesse ritual cobrimos o pão, para que a representação do trabalho e do suor físico não se envergonhe, não se sinta diminuído perante a majestade da alma.

A Chalá é um pão em forma de trança, que se come com sal na santificação. A trança significa o labor da semana e o sal o suor, as dificuldades das batalhas vividas diariamente, as batalhas do corpo físico para se igualar à majestade do vinho (alma).

Karen contou a Judith sobre sua viagem ao México, em 2014, onde entendeu seu passado, seu lugar no mundo ao participar das comemorações do *Día de los muertos*:

— Assisti de camarote ao que é honrar o passado de uma maneira leve, alegre e cheia de cores, disse Karen.

CAPÍTULO 1

"O *Día de los muertos* acontece todos os anos, entre *Halloween* e Finados, mas de uma maneira nada assustadora, muito pelo contrário. Eles acreditam que nesta data os antepassados desencarnados têm a permissão divina de voltar do outro lado para cá, visitar seus parentes, suas casas e amigos, sentirem-se novamente entre os que estão por aqui. É um feriado comemorado há mais de 3000 anos, parece um pouco com as festividades indianas, tem também nas culturas peruana, asteca e maia".

— É lindo, eles montam altares com fotos dos antepassados: pais, avós, bisavós, tataravós e assim por diante. Decoram com pétalas de rosas, aromas, perfumes e pratos preferidos de cada um; assim honram seus antepassados de uma maneira colorida, alegre, com música, parecendo uma cena da vida de Frida Kahlo.

Ao olhar aquelas luzes de quermesse, os sombreiros dos mexicanos com suas guitarras cantando suas melodias dramáticas, as portas das casas pequenas com seus altares, Karen arregalou os olhos e disse:

— Era como se uma montanha começasse a subir bem na frente dos meus olhos. A terra se movia e subia um nível a cada geração onde a base se formava, antes dos meus tataravós, e ia subindo, subindo, até chegar no cume de uma montanha bem alta e de lá de cima eu podia ver tudo.

".... quando olhei lá de cima para a vila e para os lagos, meus ossos começaram a tremer por completo, como se estivesse subindo, uma imensa montanha russa da Universal Studios, na Flórida. Uma subida desesperadora, pois tinha a certeza de que precisaria descer e a queda era muito alta e petrificante, apesar de segura. Mas o problema é que o terror e a tremedeira, em meu corpo, aconteceram porque me dei conta que aquele lugar não parecia ser meu. Tive a sensação nítida de que aquelas escolhas eram deles, dos meus antepassados, e não as minhas. Eu desejava diferentes trilhas."

E Karen continuou:

— Me conscientizei que temos heranças de vários tipos: física, emocional, genética, psicológica e uma que não falamos, porque o sistema familiar é muito complexo: a herança sistêmica. Essa herança foi a chave que se abriu em minha participação no *Día de los muertos*.

Judith escutava aquela história como se fosse um conto de fadas para adultos e concordou que o sistema comportamental de cada família, desejos, medos, frustrações, traumas, assuntos e sentimentos velados também são transmitidos de geração a geração, pelo silêncio.

Conversaram longamente enquanto preparavam a massa do pão cantando músicas da Fortuna e discutindo sobre a maturidade que cada ser humano tem que ter para enxergar e se afastar desses sentimentos, vê-los de longe, do alto da montanha. Pegar o que lhe serve e soltar o restante, devolvendo carinhosamente e com honras para o passado, dizendo:

— Agradeço, mas não é meu. Devolvo-lhe amorosamente. Podem me visitar no *Día de los muertos*, mas nos demais dias, escolho ser eu mesma.

CAPÍTULO 1

E foi assim que dramatizaram na cozinha, devolvendo aos antepassados o que lhes pertencia. Afinal, a herança sistêmica pode confundir em muito o crescimento e o entendimento individual de cada um, podendo até levar uma vida toda num emaranhado de sentimentos, se não formos capazes de ver, entender e separar o que é seu do que é meu, o que veio no pacote, mas não nos/me pertence, e sim, aos nossos antepassados, podendo assim seguir o seu/meu caminho.

Ao ouvir Karen contando aquilo, Judith juntou mais uma pecinha e concluiu que as famílias são como árvores: nascem, se solidificam, florescem, dão frutos; esses caem, nascem novamente como uma nova planta, uma nova família, uma nova raiz. São parecidas, mas histórias distintas. Esse ciclo vale para famílias, casamentos, amizades e assim por diante. Esse ciclo em sua concepção se chama caminho e pode levar mais ou menos tempo, talvez até uma vida.

Essa tarde deu às amigas um entendimento das leis universais que governam o destino de toda a humanidade, sem diferenciação de raça ou classe social. Não importa onde vivem ou que lei humana seguem, as leis divinas sempre prevalecerão. Não importa a crença. Aceitar estas leis pode ajudar a aceitar o fato de que o destino de cada um está entrelaçado com o destino das demais pessoas, e precisa se conectar com o sagrado interno, encontrar o sopro individual que cada um foi criado à semelhança e imagem de D'us, pois só assim é possível enxergar a si mesmo como parte integrante do todo, sem se perder nesse todo. Assim, entendo que o bem-estar de cada um depende do bem-estar do outro, e não do seu extermínio. Estamos todos conectados. Somos todos um*.

Judith precisou viajar, sair de casa, para poder olhar para dentro de si, e ainda no aeroporto, naquelas longas horas, pôde fazer a retrospectiva de sua vida e conectar mais alguns pontos, ressignificando-os.

Sua memória agora viajou do México para São Paulo, para a primavera de 1983/84, num jantar de *Pessach*, a Páscoa judaica, onde estava toda a família sentada no *Seder*, que em hebraico significa "ordem". O *Seder de Pessach* é um grande jantar, onde todos se sentam à mesa para rezar durante aproximadamente duas horas, com a ordem dos pratos a serem ingeridos relembrando a história do povo Hebreu na época de escravidão no Egito, liderados por Moisés.

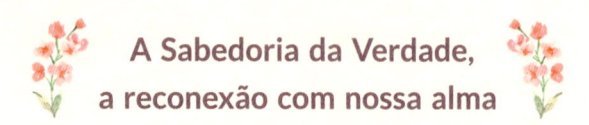

A Sabedoria da Verdade, a reconexão com nossa alma

O Seder de Pessach é a narração da saída dos hebreus do Egito. Para que relembrar anualmente esse evento que

---

* Trecho retirado e adaptado do livro Portal das Reencarnações, do Rabino Isaac Luria, prólogo, pág. 10.

ocorreu há mais de 3300 anos? Espiritualmente falando, é para relembrar e comemorar a autolibertação de todos os povos. Para nos lembrar de que ainda somos escravos de nossos próprios desejos, por isso comemoramos Pessach, ano após ano, para que nunca mais nos tornemos escravos de nossos desejos, nem de ninguém.

*Na ordem do dia em que o Seder acontece, usamos os alimentos como conexão cósmica. Na noite de Pessach, com esse ritual, escolhemos nos conectar para o bem ou para o mal, para o nosso livre-arbítrio e crescimento ou para a continuar escravos de desejos físicos que levam à autodestruição**.*

Essa história, da saída dos hebreus do Egito, é permeada por escolhas resilientes em busca de sobrevivência e por escolhas que os fazem alcançar cumes de realização. A história nos ensina a mudar de direção, rever posições, dar uma segunda chance, buscar novos rumos, entre outros. Serão essas atitudes sinais de fraqueza ou de desenvolvimento espiritual?

Voltando ao jantar, o Sr. Landau estava de fraque 7/8 com cartola, rezando em ídiche, mistura do alemão com hebraico, e as crianças, na sala ao lado, 16 primos na mesa, bem sentados e bem-vestidos – como requer o *dress code* das festas judaicas, comportados na medida do possível,

---

** Trecho retirado e adaptado da *hagadah* de *Pessach*, Rabino Joseph Saltoun.

tentando não rir alto daquela reza interminável... Hoje no papel de mãe, Judith preza demais esse ritual e gostaria de proporcionar aos seus filhos, mas já não tem a mesma capacidade da geração passada.

No fim do *Seder*, começou uma conversa dos primos mais velhos e Dora, sua prima 15 anos mais velha, perguntou a todos na mesa o que cada um desejaria ser na vida adulta.

Judith, na maior naturalidade do mundo, respondeu:

— Quero ser mãe de muitos filhos e ter um bom casamento, só isso.

Todos riram alto, esperavam grandes sonhos profissionais e ambições e diziam:

— Ela é muito novinha, não sabe o que fala.

Mas ali, ainda criança inocente, sua alma falava a verdade. O termo *Pessach* significa passar por cima, ou seja, ascender; escolher o bem sobre o mal em nossos caminhos, a escolha da verdade interna a cada atitude. E com aproximadamente oito anos, estava totalmente conectada a sua alma, naquele momento consagrou e determinou sua verdade, o seu caminho. Se fidelizou com essa promessa, carregando-a consigo sempre.

As brincadeiras e piadinhas que vinham carregadas de herança sistêmica deixaram marcas que não eram as dela e que levou bastante tempo para entender, mas hoje como adulta e mãe, percebe que eram medos, frustrações e inseguranças alheias. É certo que também possuía seus medos e inseguranças, cometendo erros semelhantes ou até piores que seus pais e familiares, mas identificar as suas inseguranças, diferenciando-as dos demais, é o desafio da vida.

A verdade é que MUITAS vezes os pais não sabem como ajudar, nem lidar com o inusitado, ficam envoltos na impotência e na ausência de palavras que possam resolver anseios que em algum momento não deram certo em suas próprias vidas e com os pais de Judith não foi diferente.

Um, querendo resguardar o seu futuro, dizia que poderia ser o que quisesse, mas que trilharia os caminhos usuais de crescimento que todos têm que passar, apesar de chatos e cansativos. Algo que tinha total razão, pois é praticamente impossível ter qualquer tipo de êxito sem resiliência e rotinas. Dados esses passos, poderia decidir se esse desejo de criança era real.

Dessa forma, seus pais a educaram para o mundo, e foi maravilhoso. Porque a ideia de uma geração pós-guerra, até os dias atuais, é que ser mãe de família não basta. A sociedade na qual vivemos acredita que é necessário construir algo sólido e material, como se alguém que optasse em ser mãe de família não pudesse ser tudo o que realmente desejasse e ver nessa construção o maior legado que se pode deixar... sua Orquídea Sagrada.

Judith se deu conta de que os pais carregam a responsabilidade de um mundo melhor ou pior, dependendo de como educam os filhos que farão parte da próxima geração.

Não só isso; pensam que ter os filhos é educá-los e ensiná-los do jeito que cada pai deseja. Mas ao se receber os filhos, o melhor presente de nossas vidas, recebe-se também a certeza de que, quando nasce um filho, junto nasce um pai. Passamos a entender com a alma, o quão sagrada a vida é, um presente! E assim, agradecemos o passado, admirando e honrando muito mais os nossos pais pelo que fizeram e nos proporcionaram até aqui.

Os filhos têm um potencial de cura enorme. Eles nos percebem, nos olham, nos testam, nos sentem o tempo todo. São exímios espelhos em mostrar nossos piores defeitos e nossas melhores qualidades. Quando penso que vou ensiná-los e mostrar os caminhos, percebo o contrário.

Eles adoecem para nos libertar de padrões e engrenagens que já não nos pertencem mais. Eles vêm puros, sem cascas, sem medos, com coragem e audácia para a vida, nos lembrando da pureza da alma na infância e nos libertando das montanhas russas dos emaranhados emocionais que herdamos de nossos antepassados ou criamos para nós mesmos.

Acredito que, ao nos tornarmos responsáveis por nossas escolhas, e ao olharmos para a nossa vida sem dramas, sem culpar nossos antepassados ou nossos filhos, é possível minimizar as encruzilhadas da vida, tornando-nos quem somos e permitindo que nossos filhos se tornem mais abertos e preparados para entenderem que cada ser existente tem seu chamado e missão pessoal. Cabe a nós, pais, liberá-los da nossa herança sistêmica, ajudá-los a desenvolver seus potenciais para poderem seguir seus caminhos.

Enxergo que preciso dar amor, educação, mas também preciso ver além, tentar escutar e olhar verdadeiramente pelos olhos deles, auxiliando-os a identificar e a desenvolver o potencial da missão que lhes é própria. Ser uma facilitadora desse processo cheio de amor incondicional e vida.

Educar é tornar-se como as margens de um rio, utilizar as margens como limites de proteção enquanto permitimos que eles possam correr soltos, livres e com destino próprio.

Depois de se conectar com a sua essência, seu passado e seu futuro, Judith voltou ao momento presente e viu que as horas voaram, já estava prestes a embarcar de volta para casa. Viagem boa já tinha feito, viajou em sua verdade, retornou ao desejo mais profundo do seu ser.

Hoje, olhando para trás, Judith percebe como é difícil para os pais filtrarem e entenderem que, na maioria das vezes, o desejo na fase inicial da vida de um filho é absolutamente real, conectado com a raiz de sua alma. Às vezes, levamos uma vida toda para reconectar todos os pontos que percorremos. Nos perdemos e nos reencontramos mil vezes com nós mesmos, em várias fases da vida, tentando percorrer o caminho para acessar o nosso sagrado e cumprir o nosso chamado pessoal.

Voou tranquilamente de volta e entrou em sua própria casa uma pessoa completamente diferente. Foi uma sensação bem estranha: entrar em casa, olhar para o mesmo marido e para seus filhos, sentindo-se completamente diferente.

Sentiu-se vazia e abençoada ao mesmo tempo. Mais próxima da luz, entendendo que o vazio conquistado nessa viagem era a limpeza de crostas emocionais, que deram espaço e coragem para enfrentar os bloqueios e medos antigos. Assumiu mais um passo do seu amadurecimento e crescimento espiritual, assim como no papel de mãe. Libertou-se da realidade que criou, na qual se segurou por tanto tempo, voltando pronta a olhar para frente e crescer. Continuar a caminhada na missão pessoal tornou-se o seu grande desafio a partir de então.

Sensação de profunda gratidão a seus pais por tudo o que fizeram por ela e sensação de libertação da sua herança sistêmica que já não lhe pertencia. Libertação esta que estava sendo estendida para seus seis filhos. Comprometendo-se a trabalhar arduamente em seus bloqueios e deixar seu rio fluir novamente, mais solto.

Assumiu suas limitações e dificuldades, deixou de culpar o outro, ou de projetar sua felicidade na sua família. Na hora em que se libertou do passado e do futuro, tornou-se livre de sua escravidão no Egito e tudo começou a fluir novamente.

CAPÍTULO 1

As nuvens pesadas e cinzentas que pairavam em sua casa já poderiam seguir em direção ao oceano, deixando o céu azul brilhar novamente e, quando a noite cair, Judith pode acender as velas com seus maiores amores, ela mesma, seu marido e seus filhos, bendizendo ao próximo deleite da alma, o *Shabat*, O Descanso mais que merecido após o encontro com a sua Orquídea Sagrada.

ANTES DE VOCÊ NASCER

Jamais aceite a sua vida ou o mundo apenas pelo que vê diante de seus olhos.

Michael Berg

...lembre-se de quando você movimenta seu braço a sombra na parede responde automaticamente.

Yehuda Berg

O que vemos é a manifestação do todo, vemos a movimentação da sombra, vemos 1% da realidade divina. Os 99% que não enxergamos contam a nossa verdade.

Yehuda Berg

ANTES DE VOCÊ NASCER

Numa noite de lua cheia, ainda criança, Judith subiu no colo de sua avó Betty e disse:

— Vovó, me conta uma história sobre antes de eu nascer? – deitou sua cabecinha em seu ombro, se aninhou, deu aquele olhar só seu, pedindo para ser atendida.

— Antes de você nascer — vovó começou — sua alma já existia. Morava no mais alto céu, no palácio das almas. Havia anjos, especialmente um, chamado Gabriel, que olhava por você e, um dia, os sinos do céu tocaram, anunciando para todos os anjos do céu que chegara o momento de você nascer.

"O anjo Gabriel lhe conduziu delicadamente, voando sob o palácio das almas, e lhe trouxe dos céus para este mundo aqui embaixo. Gabriel pediu que sua alma entrasse na semente e assim colocou a semente no ventre de sua mãe, onde você começou a crescer. Enquanto você crescia ali, Gabriel acendeu uma lâmpada na barriga da mamãe e leu para ti o Livro dos Segredos do Universo. Enquanto você dormia, ele lhe ensinou todos os segredos do mundo; lhe contou sobre as 70 línguas sagradas, a linguagem dos animais, a linguagem dos ventos, as línguas que nos conectam diretamente a D'us na mais pura forma e que unem corpo e alma. Mostrou-lhe o mundo dos sábios e o mundo dos impuros e lhe ensinou também a história da sua alma, revelando a ti todo o seu passado e seu futuro."

— Acima de tudo, Gabriel lhe contou várias histórias lindas e, mesmo enquanto você dormia, as escutou, e amou a cada uma delas — continuou vovó Betty.

"Quando chegou o momento do seu nascimento, o anjo Gabriel colocou a mão em sua boca*, lembrando-te de tudo que lhe ensinara no ventre de sua mãe era um segredo, e assim, quando lhe tocou, foi criado em ti o recuo em seu lábio superior para que você possa se lembrar de tudo o que Gabriel te ensinou antes de você nascer.... e todas as memórias que você se esqueceu também. Os sinais do céu disseram que você estava pronta para nascer, e nesse momento do cruzamento dos mundos espiritual e físico a sua história foi selada. Então, o anjo Gabriel lhe conduziu para fora, para dentro deste mundo. E mais uma vez você passou seu dedinho sobre seu lábio superior e teve a certeza de que o recuo labial estava ali e de que tudo era verdade."

E a avó de Judith continuou, diante dos seus olhos atentos à história...

---

* Hakadosh Baruchu, Pekudê 38; parágrafo 3.

— Não se preocupe — sussurrou Gabriel em seu ouvido — você terá o resto de sua vida para relembrar esses segredos guardados novamente. O exato momento do seu nascimento é o mapa do seu tesouro. A posição dos planetas e as constelações contam sobre você todos os seus segredos, seus desafios a serem superados e seu potencial incrível de crescimento, que sempre poderá ajudar na alquimia da sua vida. É a sua bússola interna, um mapa do tesouro que se chama mapa astral e que sempre poderá fazer retornar a sua verdade.

Já mãe, passeando na Barnes & Nobles, Judith encontrou o livro *"Before you were Born"*, de Howard Schawrtz, o qual comprou para ler em casa para seus filhos. Ao recontar a história, teve a grata surpresa de saber que não era apenas uma fábula infantil, mas um trecho retirado do *Midrash Tanhuma*, Lei Oral do Velho Testamento, de Constantinopla de 1522.

Judith voltou aos sete anos de idade imediatamente, quando vovó Betty leu essa história, e ficou extasiada ao saber que tudo é verdade, que a história que embalou seus sonhos a vida toda, a balizou, era real. Não é só nascer e viver, tem mais, muito mais, tem um porquê de existir dessa maneira, de vir assim para essa vida, tem antes e tem depois.

Essa história acompanha a vida de Judith desde que lhe foi contada. Ela nunca se esqueceu daquele conto e sempre buscou descobrir os segredos de sua alma, nunca se enquadrou na sociedade de soldados das respostas prontas, onde a maior ideologia desse exército é fazer com que as pessoas se calem, parem de perguntar, sejam cópias umas das outras. Judith sempre soube que havia algo a mais.

Entre todos os programas possíveis no mundo, o favorito em sua vida era o *Shabat* na casa de sua avó Betty. O jantar da sexta-feira à noite, em família, repleto de amor, carinho, piadas, brincadeiras, os aromas preferidos das comidas, de cada um ali presente.

As canções de *Shabat* embaladas pelo som da voz mágica da cantora Fortuna Safdie; a companhia dos primos brincando e rindo, das conversas descontraídas. Nessa noite, os desafios e medos ficavam do lado de fora da casa, era uma noite onde a *Shehiná*, espírito da santidade, preenchia cada célula pertencente naquele lar, onde ninguém queria que terminasse, sempre com saudades no ar, já aguardando a próxima semana.

Durante muitos anos esse era o momento alto da vida de Judith. Local no qual não precisava estar fechada em sua concha, não precisava fingir, esconder seus medos, nem usar suas máscaras. Era onde ela estava plena, 100% autêntica, onde tudo fazia sentido e a energia fluía como a música perfeita da natureza tocando para o universo. Quanto ao dia a dia de Judith, ela se sentia um peixe fora d'água; tentava, mas não conseguia se enxergar. A felicidade parecia uma ilusão, como se pertencesse a outra dimensão.

Tinha uma coisa certa: o *Shabat* era algo que manteria em sua vida adulta, as velas da 6ª feira à noite com suas filhas, iluminando nossos lares. Imaginando quantos lares ao redor do mundo acendiam aquelas mesmas velas, multiplicando aquele momento que gera a luz da fonte da paz e de bênçãos, iluminando exponencialmente o planeta Terra, gerando mais uma semana de céu na Terra.

Jantares cheios, saborosos e alegres, seguidos das demais noites com uma mesa de jantar feliz, com as crianças correndo e brincando por ali, aquela gritaria ensurdecedora para quem não gosta da confusão da pureza familiar, mais, a 9ª sinfonia de Beethoven para um casal que toma uma boa taça de vinho brindando ao final de mais um bom dia rodeado de seus filhos amados, sempre, dia após dia.

E foi assim que Judith se agarrou a sua verdade interna, se balizou pelo seu sonho de criança e este foi o ponto de partida para sua caminhada.

Antes de se casar, à noite, rezava pedindo para encontrar sua alma gêmea. Mas será que a alma gêmea existe? Se for verdade: só tem uma pessoa certa para cada um? Em meio a mais de sete bilhões de seres humanos, como seria capaz de encontrar a sua exata metade? Como essa matemática é possível na prática? E se casar com a pessoa errada, o que acontece? São tantas variáveis...

Certo, vamos dizer que encontrou a alma gêmea mesmo, e aí? Os solteiros são loucos para se casar, mas, depois que se casam, inicia uma guerra entre eles, em que só se escutam reclamações; acabou lembrando da frase: "quem tá fora quer entrar e quem tá dentro quer sair". Mas qual a finalidade de encontrar a alma gêmea? Não é para ter, enfim, paz?

O sonho misturado ao medo a fazia ter dificuldade em dar os primeiros passos. Judith sabia, no seu íntimo, que a zona de conforto dá ao ser humano a falsa sensação de segurança, de um domínio que o paralisa. Sabia que precisaria de muita coragem para sair da zona de conforto e dar passos na direção do crescimento.

Precisaria enfrentar as incertezas, as dúvidas e o medo das mudanças para começar a aprender coisas novas, confrontar suas sombras e desenvolver novas habilidades. Só assim, no desconforto do novo, entraria na zona de superação, conquistando sonhos e desejos, metas e objetivos.

Na prática, metade das pessoas desistem antes mesmo de começar a crescer, dominadas pelos seus medos. E ela não queria pertencer a esse percentual.

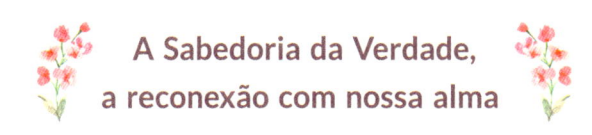 A Sabedoria da Verdade, a reconexão com nossa alma

O casamento, segundo a Kaballah, é onde as pessoas saem da zona de conforto para o crescimento espiritual. Tanto o homem quanto a mulher, cada um no seu papel.

Segundo a Kaballah, a Alma gêmea existe. Os casamentos são feitos nos céus, e não na Terra. A alma é dividida em duas metades quando vem para o mundo físico. Elas estão separadas, mas funcionam como ímãs, vão se aproximando de acordo com a caminhada de cada uma das partes; cada vez que um dos dois der um passo na direção do crescimento espiritual, as almas se aproximam, até que se encontram. Elas caminham em mundos perfeitamente paralelos, até estarem prontas para se cruzarem no plano físico.

Cada vez que Judith se sentia plena, pertencente ao universo, tendo uma atitude em consonância com a missão de sua alma, tinha certeza de que se casaria com a pessoa certa. Porém, cada vez que fazia algo contra sua natureza, era invadida pelo medo de ficar sozinha, repelindo a sua alma gêmea.

Isso vale para depois do casamento também. Para resgatar a essência do casamento, cada um faz o que precisa ser feito para ajudar o cônjuge a crescer na sua missão. A cada queda, a outra metade o ajuda a se levantar e seguir adiante, se fortalecer e enfrentar.

Ajudar a sua metade a cumprir a missão dele(a) é o que torna o casamento sagrado.

Isso é o que verdadeiramente une o casal, esta é a cola mágica. Não é a paixão, a beleza, a riqueza ou o sexo. Qualquer uma dessas prerrogativas condicionais não têm vida eterna e estão fadadas ao um final infeliz.

Vovó Betty ainda completaria essa teoria com sua sabedoria divina, dizendo que um bom casamento é querer sempre o melhor para a outra metade, sempre cuidando, caminhando paralelamente e estando presente, o limite é não machucar o outro. O caminho do meio, do equilíbrio, é sempre a melhor opção.

— Não precisa, nem deve haver disputa pelo poder em casa — dizia a vovó.

"Nossos lares não podem ser mais um dos campos de batalha da vida. O bom casamento é aquele que se tem paz na companhia do outro. É onde o seu lar é o seu palácio, seu reduto da paz. Onde se recarregam as baterias para a vida lá fora. É uma corda de duas pontas sendo puxada na mesma direção, onde o pai puxa uma extremidade e a mãe outra na mesma direção puxando os filhos para frente, e não um cabo de guerra entre o casal, duas opiniões divergentes. Pais significam unicidade. Somos Um para gerar e dar vida aos filhos, e precisamos ser uma única referência na criação e educação dos mesmos. A dualidade existe em tudo, dentro de cada um, no mundo lá fora, no bem e no mal, no dia e na noite, no *yin* e *yang*, mas os pais precisam ser um para fortalecer seus filhos no enfrentamento de sua dualidade inata, formando assim a tríade, o equilíbrio. Cada família é uma pequena célula que representa e influencia o universo completo."

Vovó Betty ainda continuou:

— O homem é o próton do átomo, a mulher o elétron; somente juntos formam um átomo.

"Espiritualmente falando, o homem precisa passar pelo casamento para entrar na consciência da família, do amor incondicional de doador para aprender a compartilhar. Com essa atitude, ele deixa de ser egoísta, de querer ser super--herói. Os homens acham que sabem e podem tudo; super executivos, buscam o poder, o dinheiro, ser bem-sucedidos: o céu é o limite. Mas sem a experiência de compartilhar uma vida com a sua metade e com sua família, o homem perde a chance de estar completo."

Vovó também ensinou sobre cada metade:

— "E D'us tirou uma costela de Adão e dela fez Eva.... E ele só se completa com ela", assim, o homem necessita do casamento para se completar, só assim ele sai dos dois primeiros estágios de consciência: o primeiro é a consciência animal (de caçador) e o segundo, a consciência intelectual, mas ainda sem acessar a espiritualidade. Quando o homem se casa, ele passa a ter acesso a sua espiritualidade, ele adquire raízes que o elevam ao potencial do seu sagrado, onde passa a entender a vida e a se sentir completo.

"Já a mulher precisa passar pela a experiência da maternidade para aprender o que é dar parte de sua energia vital a outro ser, com outra missão, diferente da sua. Amar incondicionalmente, mas não controlar tudo, não ditar todas as regras. Amar, educar, se dedicar 24 horas por dia, sete dias por semana e depois soltar para a vida. Só assim a mulher passa de receptora da energia vital para doadora e cumpre a sua maior missão na Terra, de dar continuidade e condições de elevação da humanidade para as próximas gerações."

— Vovó, e aquelas famílias que não podem ou que decidem não ter filhos?

— Meu amor, os filhos são a maior bênção de nossas vidas. Todos os dias vocês nos desafiam. Nos ensinam muito mais do que nós lhes ensinamos. Cada bebê que nasce tem uma missão única. Nascem com qualidades e com capacidades a serem desenvolvidas, que se chamam de defeitos, mas diariamente vocês nos apontam nossas falhas e nos desafiam a sair da zona de conforto, mudarmos o que não está bem.

E continuou...

"Tem gente que realmente não veio com a missão de ter filhos, veio completar sua missão de outra forma; e há também aqueles que optam por não ter filhos por medo. Medo do desafio, medo de ter que aceitar que existe algo maior, de não controlar, medo de ter que se superar o tempo todo, de ter que dar um bom exemplo, pensar fora da caixa. Filhos nos dão a chance de fazer o certo milhares de vezes por dia, mas crescer e assumir nossas responsabilidades é bem doloroso e, para algumas pessoas, fica mais cômodo não os ter."

 ## A Sabedoria da Verdade, a reconexão com nossa alma

E assim o homem, na missão masculina e a mulher, na missão feminina, passam, espiritualmente falando, de duas metades a um todo. Ambos saem de sua metade incompleta para a coluna do meio: pai, mãe, paternidade; Pai, filho e espírito santo; direita, esquerda, coluna central; chessed (bondade), guevurá (bravura) passam a tiferet (a beleza) do equilíbrio.

E Judith perguntou a sua avó:

— Vovó, porque D'us escolheu Adão e Eva para essa passagem do Jardim do Éden? E se um casamento é para ser feliz, por que eles foram expulsos do paraíso?

— *Mein Kind* (minha criança) — disse vovó Betty em ídiche — D'us dá felicidade a cada noiva e a cada noivo na mesma medida em que deu ao primeiro casal no Jardim do Éden. Acredito que eles foram escolhidos porque não tinham um passado; eles foram os primeiros, não vinham com "bagagem", com herança sistêmica.

Adão e Eva vinham sem um passado, uma página em branco para se iniciar um novo capítulo em direção ao crescimento espiritual, pelo casamento.

 ## A Sabedoria da Verdade, a reconexão com nossa alma

Em hebraico, a palavra felicidade significa simchá, que vem da raiz da palavra hebraica shemachá, que o significado literal é "que apagou".

Para um casal encontrar a felicidade, precisa apagar o passado, começar do zero, do jeito dele e não do que lhe foi mostrado, ensinado, aprendido ou visto. Precisa entender que, quando nasce uma família, essa passa a ser o novo núcleo, o mais importante, esse passa a ser o foco. Cortar o cordão umbilical do passado, da ancestralidade e descobrir juntos a maneira de viver o presente para criar o futuro. Entender o que é herança sistêmica, fazê-la descer na parada do trem, continuar a caminhada nos trilhos do crescimento dessa nova unidade familiar.

— Peça a D'us a pessoa certa para você — disse vovó — não faça uma lista do que você deseja, porque o melhor para você com certeza não é o que desejas, mas o que necessitas desenvolver para crescer, *Mein Kind*.

E assim Judith mudou suas orações a D'us. Passou a pedir um homem que lhe ajudasse a crescer espiritualmente, alguém que não a deixasse na zona de conforto, mas que com amor e delicadeza a conduzisse ao seu sagrado.

E foi assim que o recebeu.

O namoro foi rápido, a conexão foi imediata. Poder ser ela mesma 24 horas por dia e não precisar ser a pérola fechada em sua concha se escondendo de tudo e de todos foi pleno. A sensação de que a vida vale a pena, de ser verdadeira consigo mesma, a mesma sensação que Judith sentia quando se conectava todo *Shabat* em sua avó Betty, onde se sentia livre e pertencente e não queria que a sexta-feira terminasse, finalmente se tornara possível todos os dias, pelo casamento.

Enfim, depois de 27 anos de idade vividos, ela encontrou a porta para a sua felicidade e o casamento aconteceu como nos contos de fadas.

O grande problema dos contos de fadas é que os filmes terminam quando os casamentos começam. Aquela fatídica frase "e viveram felizes para sempre" aparece na tela e ficamos com a imagem e o desejo de uma vida perfeita.

Judith entendeu que não somente nos contos de fadas clássicos da Branca de Neve, Cinderela, Rapunzel, mas inclusive nos filmes da Valente, Mulan ou Moana, princesas menos frágeis e mais modernas, todas desejam encontrar seus príncipes que, na verdade, não são príncipes, mas o portal secreto para encontrar o caminho da felicidade.

Quando se projeta a felicidade no outro, é aí onde moram as bruxas e dragões, os nossos medos. Precisamos entender que a felicidade não está no cônjuge, mas nas oportunidades que a vida nos oferece de nos reencontrarmos com o nosso sagrado interno. Os príncipes e maridos são nossas projeções e podemos nos tornar melhores princesas e rainhas, assim como eles, se cada uma das duas metades em seu casamento estender a mão à sombra do outro, sem acusar, ou criticar; mas ajudando a passagem pela floresta escura e fria, transformando nossos reinos em luz.

A bênção do encontro com a alma gêmea deu a Judith força para continuar. Coragem para mergulhar fundo em si mesma, olhar forças e fraquezas e ver que ela pode ter a coragem de se assumir por inteiro e escolher como será construído seu palácio.

Foi aí que ela fez o elo com a história que vovó Betty lhe contou aos sete anos de idade:

Antes mesmo de você nascer,
você já sabia de tudo sobre você, mas precisa
de coragem e forças para se reconhecer.

Não é sobre ser diferente, é sobre me permitir me tornar sagrada.

MONTANHA GINECOLÓGICA

*Por que ninguém me disse que
meu corpo se tornaria um campo
de batalha, um sacrifício, um teste
Por que eu não sabia que o nascimento
é o auge, onde a mulher se descobre
na coragem de ser mãe?*

Anita Diamant,
A Tenda Vermelha, 1997

MONTANHA GINECOLÓGICA

Judith nasceu em uma família judia tradicional, recebeu uma educação laica, mas não se encaixava nos padrões culturais em que vivia, não a preenchiam, pelo contrário, se sentia um ET, perdida desde menina.

Ao contrário de Lika, o casamento não foi fuga da realidade para Judith, mas o único meio pelo qual ela poderia desemaranhar o novelo de lã em que se percebia e encontrar o ponto de partida em sua jornada.

São pouquíssimas as pessoas que sabem o que querem para suas vidas desde cedo. Alguns descobrem tarde; têm os que não descobrem nunca, mas o percentual diminui ainda mais em relação aos que têm a coragem de perseguir seus sonhos e não desistir dos mesmos, jamais. Afinal, todos caem, mas a diferença entre a pessoa de sucesso e a de fracasso é a quantidade de vezes que o vencedor se levanta e diz:

— De novo, de novo, de novo... — incansavelmente, quantas vezes forem necessárias. Quanto mais vezes errares, mais perto estarás do êxito, se fores ajustando o processo.

Em um voo para Paris, Judith assistiu a um filme chamado "*A Wedding*" – nome original do drama em francês, *Noces* – dirigido por Stephan Streker, e ficou profundamente mexida. Percebeu que precisaria de muita coragem para bancar suas escolhas, mesmo que isso parecesse ser contra todos os demais, já que nunca levou o menor jeito para ser "Maria vai com as outras".

Mas você pode estar se perguntando: "Quem é Lika?".

Lika, uma adolescente de família tradicional paquistanesa que morava na França, assim como Judith, foi criada de maneira laica, estudou em uma escola local e, apesar de amar sua família, sua origem e cultura, tinha escolhido caminhos diferentes dos que pregava sua tradição.

Pela tradição paquistanesa, os casamentos são arranjados pelos pais, e nas famílias mais conservadoras, os noivos só se conhecem no dia de contrair matrimônio.

Na religião judaica, também existem casamentos arranjados, na verdade, é considerado como o cumprimento de uma grande Mitzvá*, uma bênção dos céus, juntar as duas metades.

---

* *Mitzvá*, vem da palavra "*Tzvá*", em hebraico significa: e Ele ordenou o cumprimento das leis. A cada preceito cumprido, tornamos nossos caminhos mais próximos de D'us.

A diáspora europeia e filhos criados de forma mais livre fizeram com que os pais de Lika precisassem modernizar o processo de casamento arranjado. Selecionaram três potenciais futuros maridos e deram a Lika a possibilidade de conhecê-los por Skype. Dessa forma, com uma conversa apenas, os pais lhe dariam a "opção" de escolher seu parceiro de uma vida toda.

Para seus pais, esse era um avanço enorme; afinal, eles só se conheceram no dia de seu casamento, como pregava a tradição. Mas, devido aos apelos dos filhos por algo mais moderno, pela quebra de um conservadorismo sem sentido e por um desejo de poderem escolher com quem deveriam passar o resto de suas vidas, essa foi a melhor alternativa que encontraram para sua filha mais velha: uma entrevista por Skype. Era uma alternativa moderna para uma crença banhada de ilusão e esperança por parte dos pais que não permitiriam a seus filhos assumissem caminhos diferentes dos seus, queriam que honrassem as tradições. No fim, tudo se encaixaria nos padrões de uma herança sistêmica que não fazia o menor sentido para Lika especificamente.

Acontece que Lika se parecia mais com um corcel indomável. Dona de uma beleza ímpar e uma alma livre, não conseguiria se prender àqueles dogmas, apesar de todo seu amor por sua família. Frequentava festas da escola em boates, dançava sensualmente, bebia socialmente, fazia tudo que era proibido por sua religião. Seu irmão, Zeth, apesar de ser mais novo, podia frequentar as festas e não tinha hora para chegar em casa, fruto de uma educação bem machista, que enfurecia sua irmã mais ainda.

Como uma bela donzela, Lika, não podia sair à noite, tinha que se preservar, manter-se discreta, guardando-se para seu futuro esposo. Na prática, essas regras batiam em sua janela de vidro, mas não chegavam até ela. Namorou meninos de outras culturas, fugia pela janela na madrugada, corria ao vento em motos de seus colegas para sentir o cheiro da liberdade e de uma madrugada gelada batendo em seu corpo e retornava à sua casa antes do nascer do sol, escondendo-se novamente em sua máscara de filha educada por uma tradição obsoleta e sem sentido, sob seu olhar.

Nas inúmeras tentativas de se encontrar, Lika engravidou, e a mãe a fez abortar a criança sem nenhuma pergunta, sentimento ou comentário. Somente um erro de percurso a ser resolvido a qualquer custo, aniquilado da Terra, sem nada por trás.

Esse assunto foi completamente velado por sua família. Sua mãe escondeu a informação inclusive de seu marido, na tentativa de honrar a tradição, e a fez abortar sem em nenhum momento sequer questionar seus sentimentos ou suas escolhas.

Logicamente, atropelamentos sentimentais como esses só podem gerar grandes catástrofes, e não foi diferente com Lika. Ela não tinha a intenção de abortar a criança.

Fugiu para a casa de sua melhor amiga, com a esperança de escapar do casamento arranjado; escolher ser mãe, mesmo solteira, simplesmente tentando ser livre, mas não aguentou a pressão. Ela tentou, tentou e tentou...

Grávida de uns seis para sete meses, completamente sozinha e desesperada, sem recursos ou qualquer apoio, totalmente perdida. Judith pôde sentir a dor sem fim de Lika. Um vazio completo onde a morte daquele bebê tomou conta de tudo naquele momento. Os olhos de Lika se fecharam e ela acabou abortando seus sonhos, sucumbiu.

Na volta para casa, Lika, sentada no ônibus com aquele olhar... um olhar vago, vindo das portas de sua alma fechadas, de quem não teve forças para lutar, não contra sua família, mas a favor de sua felicidade e de seus caminhos.

As lágrimas rolavam sem controle pelo rosto de Judith, que profundamente emocionada se perguntou:

— Até onde? Até onde vai a cegueira de uma família para honrar um nome de uma tradição? E até onde vai o sacrifício de um filho, abdicando de seus sonhos e seus caminhos para honrar a tradição e os sonhos de seus antepassados?

Histórias como essas acontecem não somente com tradição religiosa e casamentos, mas também em processos de sucessão familiar, de escolhas por vidas geograficamente distintas, ou com alguém que escolhe não ter família.

Enfim, quaisquer exemplos de relacionamentos onde as pessoas envolvidas rompem os próprios limites para salvar o outro. Ninguém cede. Na verdade, ninguém enxerga nem escuta, a cegueira do que é socialmente correto acarreta na infelicidade absoluta, em viver a morte. Muito louco tudo isso se pararmos para pensar bem.

Tem muita gente que vive a morte,
se perde de si mesma, perseguindo sonhos alheios,
sem ter a coragem de pagar o preço
de bancar as próprias escolhas.

No caso de Lika, seu irmão Zeth ficou profundamente dividido entre defender a liberdade de sua geração pela independência de sua irmã mais velha e a escolha de seus pais paquistaneses, felizes em sua tradição; não conseguiram enxergar que as escolhas de seus filhos poderiam ser distintas, os caminhos se separavam, mas o amor poderia prevalecer. Zeth tentava apaziguar essa guerra fria.

O aborto não foi suficiente para despertar a consciência dessa família. A fé cega acima de qualquer coisa acabou atropelando a família toda de uma maneira trágica; Lika volta para casa, para o destino de se casar e, um dia antes do casamento arranjado, Lika foge mais uma vez. Dessa vez, quem lutou, na verdade surtou, foi o pai de Lika que, ao sentir a desonra da família, enfartou.

Zeth, desesperado, vendo seu pai enfartando no chão, acaba, por fim, assassinando Lika e fez parecer com que ela mesma houvesse se suicidado.

— Até onde, meu D'us? Até onde vai a loucura das pessoas? Qual é o seu preço? Qual é o meu preço? — pergunta-se Judith.

— Tudo isso para pertencer a uma sociedade? Mesmo que esse ato possa levar ao fim de tudo, à destruição completa de uma família, do bem mais sagrado que existe no universo?

Honrar pai e mãe não é copiar o modelo sem questionar. Na opinião de Judith, honrar aos pais é entender que graças a eles estamos aqui, então que tal fazer um *H'oponopono*[**]?

"Sinto muito,
Me perdoe,
Te amo,
Sou grato"

Não é sobre ser diferente, mas sobre conseguir ser eu mesmo.

[**] *H'oponopono* é uma prática havaiana antiga, com vista à reconciliação e ao perdão.

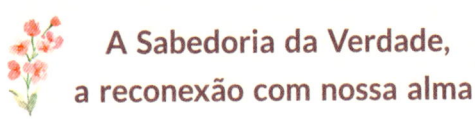

A Sabedoria da Verdade, a reconexão com nossa alma

Segundo a Kaballah, a família representa o potencial do universo completo, a perfeição da vida está na imperfeição dela. Nossos batimentos cardíacos são de altos e baixos, nossa vida é cíclica, a linha só é reta quando não há mais vida. Sabemos disso pelos batimentos de nossos corações.

Existem alguns bilhões de famílias no mundo que representam a dualidade; as forças e fraquezas, os amores e ódios, alegrias e tristezas, tudo ao mesmo tempo, representando a complexidade da vida; assim é o desafio de cada família, acertar os limites e escolhas individuais de cada um; a cada vez que as famílias se reorganizam, conseguem com respeito e dignidade passar por esses obstáculos e conseguem crescer, esse núcleo familiar se eleva assim como a consciência coletiva, gerando paz no mundo.

Judith viajou no tempo mais uma vez e voltou aos anos 80, quando foi assistir ao musical *José e Seu Manto Technicolor* com sua avó Betty, baseada nas histórias bíblicas de Jacob e José, que são códigos que nos contam sobre os processos de dualidade enfrentados pelos seres humanos, entre os fracassos e sucessos, sombra e luz, os dragões e fadas de cada um.

Somente cada ser humano na Terra sabe da própria luta. Estamos todos em nossas lutas pessoais, somos todos diferentes, porém somos todos iguais. E vovó Betty lhe contou a história de cada um deles.

JACOB

Esaú e Jacob são os filhos gêmeos de Isaac e Rebeca. Rebeca passou a primogenitura que era por direito de Esaú para Jacob.

E Jacob escutou a sua mãe Rebeca, vestiu-se com pele de carneiro para ficar cheio de pelos como o irmão e foi a seu pai Isaac, que estava cego, e o enganou; tomou as bênçãos de seu irmão Esaú e as teve para si.

No trecho do Velho Testamento, se diz que Isaac estava cego. Para entender as escrituras, precisa-se olhar o que está por trás da escrita, qual o código contido ali.

Isaac, ele não conseguiu enxergar as necessidades de cada filho para que pudessem desenvolver seu caráter mais puro e elevado. Isaac enxergava com seus olhos de pai, assim como o pai de Lika e não pelos olhos e pela perspectiva de seus filhos.

Essa passagem bíblica nos mostra as manobras que os pais podem e devem fazer para que as histórias não terminem em catástrofes como a história de Lika.

Rebeca enxergou com clareza os pontos fortes e fracos de cada um de seus filhos gêmeos, colocando ambos no caminho do desenvolvimento espiritual e da elevação. Ela viu que Esaú era de um temperamento colérico e que, se não desenvolvesse as qualidades necessárias, jamais conseguiria desenvolver as habilidades de escolher o prazer verdadeiro e duradouro ao prazer de curto prazo; como o de vender sua primogenitura ao irmão por um prato de lentilhas quando ele propôs.

Rebeca enxergou que, se a descendência de um povo fosse lastreada na satisfação do prazer físico, esse povo facilmente não resistiria. Então, ela trocou a primogenitura, percebeu a sensibilidade de Jacob, o seu desejo de ser uma pessoa melhor a cada dia e, com seu poder de mãe, alterou o destino de um povo para o bem, em detrimento das tradições ancestrais, colocando cada um de seus filhos no ponto de partida para que pudessem desenvolver sua melhor versão.

Ao receber as bênçãos de Isaac, Jacob se tornou herdeiro do pacto espiritual de D'us com Abraão e teve que partir para seguir seus caminhos sem que a ira de seu irmão mais velho Esaú, preso ao mundo físico, a somente aquilo que se pode ver, pudesse prejudicar a Jacob no cumprimento da sua missão.

Toda e qualquer escolha tem um preço a ser pago e essa não foi diferente. Jacob teve que fugir para as Terras de Labão, onde trabalhou para ele por 21 anos, precisou de mais três anos para retornar a ver sua mãe e seu irmão.

Ele pagou o preço, foi ao inferno para poder retornar ao paraíso, mesmo sendo a escolha certa a ser feita.

A briga representada por esses irmãos gêmeos é a luta que reside dentro de cada um de nós. A luta entre enfrentar as lacunas pessoais e crescer por meio delas. Esaú desprezou sua primogenitura por um prato de lentilhas, ele sucumbiu aos seus instintos básicos, ao prazer imediato, à fome. Esaú vivia o presente, sem pensar nas consequências dos seus atos.

Jacob, por sua vez, aceitou a troca de destino feita por sua mãe Rebeca, aceitou o seu destino tortuoso, cheio de desafios e sofrimento, mas que trariam o êxito da conquista além do mundo físico. Ao agir racionalmente, ele conseguiu conquistar o céu e a Terra, deixando um legado, uma descendência, a força de vencer de corpo e alma as dificuldades, ao agir pela sua compaixão.

Essa passagem nos mostra a diferença entre desenvolver uma relação com D'us e o eterno conflito entre a Lei Divina e a lei da selva, algo que nos persegue 24 horas por dia.

Rebeca teve a coragem e a audácia de mudar a história do mundo. Ao trocar os filhos na hora da bênção, ela fez o papel de mãe, de colocar cada um de seus filhos onde precisam estar para desenvolverem o que têm de melhor.

Quando Jacob chegou sedento nas terras de Labão, pediu água... "ele falava ainda com eles quando Rachel veio com o rebanho de seu pai, pois ela era pastora. Foi quando viu Jacob a Rachel, filha de Labão, irmão de sua mãe, chegou-se Jacob e removeu a pedra de sobre a boca do poço e deu de beber ao rebanho de Labão, irmão de sua mãe. E beijou Jacob a Rachel e levantou sua voz e chorou***".

Ali mesmo entendeu que havia feito a escolha certa, chegou a confirmação dos céus de que estava no seu caminho. Ali nasceu o amor por Rachel com todo seu coração.

Labão, pai de Lia e Rachel, apesar de ser um homem muito bruto, percebeu o flerte entre Jacob e Rachel, imediatamente designou Lia, sua filha mais velha, a acompanhar Jacob por todos os lados, durante todos os dias em suas terras. Lia e Jacob criaram uma relação de confiança, amizade, companheirismo e admiração. Ele aprendeu a escutá-la, consultá-la e respeitá-la. Construíram uma relação de amor sereno. Pela escuta da sabedoria de Lia, Jacob multiplicou o rebanho e as terras de Labão e as tornou produtivas. Cresceu, amadureceu e prosperou materialmente e espiritualmente.

O papel da mulher num relacionamento é ser o pescoço do homem, direcioná-lo o olhar, e assim Lia adoçou o julgamento de Jacob, por ter recebido a primogenitura de Esaú e por isso prosperaram.

Porém, por Rachel, Jacob a desejava, ela era sua alma gêmea, queria desposá-la e a pede em casamento. Labão, pai de Rachel, aceita o pedido, mas no dia do matrimônio, troca as filhas, entregando-lhe Lia, sua filha sábia e mais velha, ao invés de Rachel.

*** Gênesis 29 -- Vaietsê, 9 -11.

Labão percebe que Rachel é a alma gêmea de Jacob, mas ele, como pai, enxerga também que Jacob não estava pronto a desposá-la. Ele precisava desenvolver sua retidão, sua firmeza, para ter a capacidade de realizar no mundo físico o seu potencial de realização no mundo espiritual.

Uma mistura de sentimentos acometeu Jacob por esse ato. Ele amava Rachel com todo seu vigor e desejo masculino mais profundo; mas sabia que Lia lhe proporcionara evolução espiritual, lhe trouxera sabedoria e crescimento; amava ambas. Jacob depois entendeu que precisaria passar por esse tempo e essas aprendizagens para poder evoluir no seu máximo e o fez com vontade. A cada dia que trabalhou nas terras de Labão, ele fez o seu melhor, fazia parte do seu crescimento e faz com que os milagres acontecessem diariamente.

Sentados nos pastos num fim de tarde sob um céu cor de rosa, comendo tâmaras com sua esposa deitada em seu colo, que o fitava com admiração e sensação de vitória sobre sua irmã mais nova, Jacob faz um afago em seu rosto em reconhecimento por sua grandeza e lhe diz:

— Minha bela Lia, mulher de palavras medidas, é doce e firme ao mesmo tempo, gentil e muito poderosa concomitantemente.

E Lia responde:

— Ah Jacob, chegaste aqui um menino prepotente e tolo, sem saber como direcionar o olhar. Mas, ao me escutares, aprendestes a ver de maneira macro com atuação pontual, tornou-se lindo por isso, sábio. Recebi seu nome, sua família, seu clã, sua tribo. Me separei do destino de meus pais, seguindo o meu e juntando-me ao seu, mas que possamos viver juntos e separados, vidas paralelas, de apoio e crescimento, que se juntam, e se afastam paralelamente, onde cada um se desenvolve, onde nos apoiamos e seguimos nosso crescimento espiritual.

E foi isso que Lia fez com Jacob.

Todos nós temos um pouco de Esaú e Jacob, amamos nossa liberdade e temos o desejo de voar livres, mas precisamos amadurecer em sabedoria, escolher com sabedoria nossas batalhas para irmos além e estarmos prontos para receber e assumir o nosso destino. Podemos sempre escolher qual caminho tomar, mas jamais podemos fugir das consequências de nossas escolhas.

Passaram-se sete anos de casados, alguns filhos com Lia e então Labão concedeu Rachel como segunda esposa de Jacob.

A essa altura, Jacob estava pronto para receber Rachel, ele amadureceu por intermédio de Lia e pôde enfim desposar sua alma gêmea com o consagramento da primogenitura que lhe fora dado por sua mãe Rebeca e desenvolvido pela sabedoria de sua primeira esposa Lia.

Ao todo, foram 24 anos em terras longínquas. Rebeca, mãe dos gêmeos, Esaú e Jacob, precisou antever a desgraça que seria se entregasse o futuro do povo, segundo a tradição, ao primogênito.

Rebeca se utilizou da sabedoria de mãe e interrompeu o curso natural da tradição. Ela viu que Isaac, seu marido, já estava cego, não conseguia enxergar a luz interna dos seus filhos, não tinha a capacidade de ver que a missão de cada um deles era diferente do que pregava a tradição.

E assim, Rebeca trocou a primogenitura de ambos, enganando a cegueira de Isaac, colocando cada um de seus amados filhos em seu ponto de partida para encurtar seus caminhos, ao contrário do realizado pela família de Lika.

Rebeca era realmente uma matriarca, passou 24 anos sem ver seu filho mais novo. Se manteve com Esaú, que era mais dependente e precisava de suporte, lapidando seu caráter. Já a Jacob, deu-lhe a estrada, o labor, a independência que precisava para se tornar o patriarca de si mesmo, o rei da própria vida.

Foram 21 anos Jacob trabalhando para Labão, mais três anos de estrada. Jacob aprendeu o equilíbrio da sua dualidade pelas suas duas esposas: a primeira, que lhe fortaleceu, lhe deu diligência para que estivesse pronto para receber a segunda, a sua alma gêmea, a que lhe fez alcançar o mundo vindouro na Terra. Pôde desposá-las e crescer com e por meio delas.

E assim, Jacob finalmente se liberta, recebe a permissão de voltar a sua terra natal, se desculpar com seu irmão Esaú, para os dois seguirem seus caminhos, não de acordo com a tradição, mas ajustados de acordo com a missão de cada um.

Com a conquista do equilíbrio da nossa dualidade, Jacob representa para a humanidade a fundação. Ele gera como fruto de uma vida que busca o desenvolvimento espiritual e do seu caminhar, toda a descendência de um povo.

Lia e Jacob tiveram 10 filhos, nove homens e uma mulher, Dinah. Com sua amada Rachel, tiveram dois, José, e anos depois, Benjamin, o caçula.

JOSÉ

José, o filho desse grande amor entre Jacob e Rachel, nasceu iluminado, com um potencial incrível. José passava o dia estudando as escrituras sagradas, regado de um amor infinito de seus pais. Era objeto de inveja de seus irmãos, pois faziam o trabalho pesado, tinham suas mãos calejadas, seus corpos queimados de sol, seus músculos exaustos no cair da noite, enquanto José se dedicava ao estudo intelectual e espiritual, com as mãos macias e pele alva.

Ganhou de presente de seu pai um manto de linho tecnicolor, onde passou a se parecer ainda mais com um erudito. Ele, realmente, tinha um potencial incrível, mas um ego maior ainda, assim ciúme e inveja foram gerados entre seus irmãos.

Ainda jovem, José começou a ter visões proféticas por meio de seus sonhos. Uma noite sonhou com o sol, a lua e 10 planetas lhe prostrando. Contou a seus pais e irmãos o sonho e seus irmãos encheram-se de ódio, dizendo-lhe que jamais se prostrariam a ele. Já seus pais, Rachel e Jacob, previniram:

— Nós, nos prostramos a você? Que o eterno permita esta bênção... — como quem diz, não duvidamos de seu potencial meu filho, mas veremos se trilhará nos caminhos do bem, se encontrarás sua grandeza e elevação, ainda tens muito a aprender...

Esse sonho de José foi o estopim para seus irmãos, que tiveram a ideia de jogá-lo num poço para morrer ali, por picadas de escorpiões ou cobras. Feito isso, Yehudá, o primogênito de Jacob imediatamente se arrependeu, a responsabilidade sussurrou em seus ouvidos e foi quando viu uma caravana de mercadores de escravos rumo ao Egito passando por ali e resolveu, então, tiraram-no do poço da morte para vendê-lo como escravo.

Se livraram de seu irmão prepotente, mas receberam a culpa no lugar de José. Não poderiam voltar para casa sem o irmão preferido do pai, assim arrancaram-lhe seu manto tecnicolor, sujaram-no de sangue de um cordeiro e entregaram a Jacob, seu pai, que supôs que José havia morrido, atacado por lobos.

José passou, em questão de dias, dos céus ao inferno, de filho preferido a um escravo em terras longínquas, da luz à escuridão, da vida à morte.

Ele precisou da escuridão da prisão, do trabalho escravo, da sedução da mulher de Potifar (seu senhorio), do anonimato total e da distância absoluta de sua família por 21 anos para se encontrar. Levou anos para compreender seu verdadeiro valor. Não o de filho preferido, ou de se tornar o vizir preferido do faraó anos mais tarde, mas de ser escolhido por D'us, por seu pai, pelo Faraó, por sua dedicação incansável de fazer qualquer tarefa com toda sua vontade, com todo seu coração, colocando sua força, concentração e sabedoria em tudo o que fazia e aí estava sua Luz.

No caso de Jacob, Rebeca cumpriu o mais perfeito papel de mãe, construiu a ponte para colocar seu filho no ponto de partida para seguir a própria luz. Se utilizou da sabedoria de mãe, de conhecer o que seus filhos pensavam e sentiam, mexeu nas peças do jogo da vida deles, colocando-os no caminho que seria mais curto para cada um e driblou a cegueira do pai.

Esse é o nosso papel enquanto pais, facilitar os potenciais de cada filho. Mas nem todos os pais têm a consciência desse papel, ainda estão presos à fé cega de moldar seus filhos, de pertencer a uma sociedade perfeita, seja ela qual for.

Já José nasceu em berço de ouro, foi ensinado e protegido por seus pais e teve que descobrir por si, em uma caminhada árdua em seu deserto de sofrimentos para abrir os olhos sobre o seu papel na vida. José triunfa quando se encontra consigo mesmo, quando entende que sua força está em sua grandeza e que seu ego, filho da mesma grandeza, é a sua prisão. Quando utiliza sua força para o bem comum, ele ganha o céu.

A busca ocorre em todas as áreas de nossas vidas. No casamento não é diferente, pode ser o inferno, a morte, para alguém com uma alma livre como Lika, e o céu, para alguém como Judith.

Ambas queriam fugir de caminhos herdados que não lhes pertenciam, heranças culturais, religiosas, sistêmicas ou qualquer outra. Precisavam se desvencilhar de seu passado perfeito para caminharem em seu deserto e poderem bancar suas escolhas.

Para Judith, essa foi a única porta de entrada para se encontrar, enquanto para Lika, foi o meio pelo qual se perdeu por completo de si mesma. O ato é o mesmo, mas ser sagrado ou profano, depende da consciência, escolha e coragem de cada um.

Os casamentos são feitos nos céus, mas são concretizados na Terra. O amor dos contos de fadas é perfeito, pois é idealizado, mas fazê-lo funcionar na vida é o grande desafio.

Sempre que nasce uma ideia, temos aquela sensação de que tudo deu certo; de um plano perfeito, da existência de algo maior. Quando se conhece sua cara metade, no primeiro encontro, já sonhamos com o casamento, os filhos, a vida perfeita como num piscar de olhos... e tudo já deu certo...

Na verdade, os desafios da vida são as verdadeiras chances que temos de crescer, mas a maioria das pessoas os veem como obstáculos, dificuldades e acabam se desconectando, se escondendo e caindo do paraíso no próprio pecado. Aí é onde mora o perigo, quando os obstáculos do crescimento são utilizados para fugir de si mesmo.

Jogar as expectativas em terceiros pode acontecer com emprego, na obsessão por um corpo perfeito e por bons resultados em algum campeonato, ou por juntar fortuna, enfim, em qualquer coisa que passa a ser o objeto de desejo, de conquista, em vez de portal para seu desenvolvimento espiritual.

Passada a fase de lua de mel, temos a tendência de esquecer as bênçãos recebidas. Filhos, marido, viagens, férias são portais de acesso para os caminhos da felicidade e não objetos da mesma.

Alguns de nós somos como Jacob, temos pais que nos enxergam e auxiliam na abertura de nossos caminhos; já os Josés da vida, precisam aprender por si.

E você, é mais Jacob ou mais José?

E Judith, por fim, escreve em seu diário, em pleno resgate das memórias:

Olho para trás e vejo a árvore genealógica que amo e que me ama incondicionalmente. Por amor e nada mais que isso, sempre me disseram o que fazer da vida.

No dia em que nasci, as cortinas do palco da minha vida se abriram.

Aquela pirâmide de gente que chamam de árvore genealógica, chamo de árvore ginecológica, pois daí nasci, estavam todos lá, lotando a plateia do teatro para assistir a minha peça viva. Os aplausos estridentes estremecem em meus ouvidos; sempre quis ouvi-los, mas não por esse espetáculo.

Qualquer criança da vida, de 0 aos 102 anos de idade, decide ter a coragem de olhar para a plateia e dizer bye-bye, não é nesse teatro que quero estar, quero ir lá fora, longe da escuridão dos palcos, dos holofotes com cores de mentira que me cegam, pois o que quero ver mesmo são meus pés descalços nas águas do lago gelado, com as cores e perfumes da natureza que me fazem sentir viva.

Certamente amo os aplausos, o reconhecimento, a acolhida e a segurança. Mas tudo o que amo só continuo amando se for da forma correta para mim, com meus caminhos e meu script próprio.

Saí desse teatro, escolhi outros caminhos, longe dos aplausos, mas carregando-os em meu coração, com a certeza do sussurro:

— Não escute a plateia, nem as palmas, escute os batimentos do seu coração, siga-o e seu tesouro encontrará!

A montanha de gente é fixa, mas você como criança da vida pode se aventurar nas próprias trilhas. Vá e seja livre, voe e ame a vida, ela é sua!

NOS ALPES SUÍÇOS

Se o Homem estivesse constantemente em sintonia com sua centelha divina, jamais seria capaz de desconectar-se do Eterno.

Pensamento judaico

NOS ALPES SUÍÇOS

Judith só percebe que a noite acabou quando escuta o canto do galo, quando os tons de laranja, amarelo e azul adentram em sua janela com o dia que se inicia lá fora. Uma noite de insônia não tira a energia do dia seguinte, muito pelo contrário, quando é despertada no meio da noite por uma ânsia de reconexão, a sensação é de alívio, pois a leitura e a meditação convidam para pertencer a si mesma, provocando-lhe uma energia tal qual uma noite de sono bem dormida.

O mesmo ocorre quando escuta *Yoyo-Ma*, seu músico favorito, que toca a alma. Aqueles poucos minutos a levam a outra dimensão, é atemporal, faz reconectar a alma e o corpo. Apesar de parecer insônia ou devaneio, na verdade, são momentos de criatividade e concentração, em que o silêncio da brisa da verdade envolve Judith e acessa sua divindade única.

Nesses momentos, ela se afasta da loucura do corre--corre de cumprir o que é urgente, de ser eficiente e capaz, questões que o corpo e a mente dominam, e se chega a simples certeza de ligar o céu e a Terra no seu propósito, de se sentir completa, no silêncio absoluto na calada da noite consegue entrar em contato com suas sombras, rever as crenças e paradigmas herdados que já não são mais necessários, e diz a si mesma:

— Continue, minha amada Judith, siga, cada dia é um novo dia, uma nova chance de você acertar, de se aproximar de sua verdade, de costurar seu *Quilt*, sua colcha bordada de retalhos, de unir todos os seus pedaços e se olhar como Uma só.

E foi numa noite assim que Judith sonhou consigo mais velha, um diálogo entre ambas, a Judith de hoje e a de amanhã, cheio de trocas e conselhos... foi tão real!

Era uma cena em que Judith com seus 85 anos **(J.V. - Judith Velha)** se encontra com a Judith de seus 45 **(J.J. – Judith Jovem)** nos Alpes Suíços. Foi num pôr de sol cor de rosa que não se cansavam de olhar, que a Judith mais velha inicia um diálogo com a mais nova.

(J.V.) — Judith, está tão lindo aqui que não me canso de olhar; está ficando tarde e já é hora de descer. Desço de *ski lift* e você, na flor idade, pode escolher como quer descer.

Apesar de não ter mais 18 anos, você ainda é jovem para experimentar novidades e se divertir. Você pode descer rápido de *snowboard* se testando, ou mais devagar e leve no *ski* para apreciar a paisagem, agradecendo suas bênçãos. As possibilidades oferecidas pela juventude são maravilhosas.

(J.J.) — Verdade, Judith, mas a vida que se apresenta na minha idade não vêm acompanhada só de coisas leves com sabor de aventura, como você disse, já não tenho mais 18 anos — diz a Judith jovem.

(J.V.) — Concordo! Porém, vale lembrar que já foi criança e hoje sabe que todas as dores, todos os amores, todas as pessoas, todo barulho, toda mesa bagunçada com comida esparramada das travessas, guardanapos sujos e molhados de suco derramado e melado, talheres espalhados, tudo vem acompanhado dos olhares daqueles que buscam orientação, amor, compreensão, limites e admiração: seus filhos. E continua...

(J.V.) — É muito bom agradecer, ainda jovem, todos os filhos apertados na nossa cama, buscando aquele cheiro de colo de mamãe e papai, buscando um sono restaurador, um ninho para dar coragem e segurança, dando-lhes forças para seguir em frente e enfrentar o novo, buscam um norte e lhe desafiam a não se acomodar; sou grata hoje pelas noites mal dormidas.

(J.J.) — Verdade, minha sábia Judith; acho que hoje posso não entender completamente; mas na sua idade, ao contemplar o ninho vazio, vou estar melhor, se aproveitar com mais leveza esse momento o qual vivo — disse a Judith mais nova.

(J.V.) — Judith, você é linda! — falou a Judith mais velha — te agradeço por cada vez que se sentiu perfeita com todo seu poder e todo seu ser, se olhou no espelho se tornando tão sensual como no dia do nosso casamento; cada vez que se sentiu você, plena e nos permitiu ter um prazer tão profundo que foi maior que seu corpo, todas suas células vibraram, formou-se um infinito que passava por ti, por dentro e por fora, tornando todo o universo em você e você nele, não um prazer para satisfazê-lo, mas para nos coroar o sentimento mais profundo que ele nos proporciona, o amor infinito e incondicional do amor-próprio verdadeiro. Você merece, nós merecemos!

Nesse momento, a Judith mais nova se emociona e com olhos marejados responde:

(J.J.) — Você também me encanta, Judith. Os anos não a afetaram tanto. Quero agradecer por nos permitir mudar nossa história, por topar fazer diferente, por se permitir nos descolarmos dos exemplos que vieram de uma ascendência judaica cheia de alegrias e sacrifícios e por topar ser a gente, tentando mais uma vez, e mais uma vez, até acertar. Sem importar o tempo e a idade... — e continuou — Sou feliz por você, em todos esses 85 anos, abrir mão de parte de seu controle, se entregar a momentos simples do cotidiano, sem esperar nada em troca, fazendo-nos perceber que algumas crenças não são mais necessárias, despedindo-se delas de vez em quando nas estações de trem, sem dor, nem sofrimento, num dia despretensioso e glorioso.

Nesse momento, a Judith mais velha, refletindo em tudo que ouviu, conclui que realmente abrir mão do controle fez-lhes muito bem, o controle não rima com um ambiente em amor. E então olha nos olhos de Judith mais nova e fala:

(J.V.) — Peço-lhe que olhe com mais amor para o seu amor que tanto ama e que tanto a ama. Amar é melhor do que controlar, do que jogar. Amar rima com a coragem de não controlar filhos nem marido, de ser e deixá-los serem e por isso a congratulo pela sua coragem em bancar suas escolhas, custem o que custar. Seja feliz, minha corajosa Judith. Brilhe por ti, brilhe por nós. Ria mais, curta sem medo, seja sua essência; não se esconda por trás das crianças que já não são tão crianças. Jogue-se na vida por si, por nós, jogue-se para o seu amor com o seu desejo mais profundo de ser livre com ele e assim poderemos brilhar para ele também. Nós três merecemos isso: você hoje, nosso amor e eu, você daqui há 40 anos.

E a Judith anciã continua:

(J.V.) — Nós duas somos uma só e eu entendo sua necessidade de se distanciar de si mesma, de vez em quando. Estou dialogando com você, minha pequena Judith, para que entenda que tudo em nós tem um propósito. Você hoje já sabe de muitas das suas virtudes. É uma ótima amiga, excelente mãe, boa conselheira, sempre buscando pela verdade, dedicada, forte e muito corajosa. Nossos filhos são sinceros, verdadeiros e autênticos. Não se esqueça que sou você amanhã e por nós, não se afaste de nossa essência. Se olhe por outro prisma o quanto for necessário, mas lembre-se de que somos uma só e reconecte-se o mais rápido possível, volte sempre e sempre, quantas vezes precisar. E mais: tenha coragem de correr seus quilômetros, dançar, cozinhar, de cheirar a cebola e alho refogado; beijar e abraçar; seja leve! permita-se! seja livre! Nossas escolhas importam, estarei sempre esperando por você aqui nos nossos Alpes Suíços, na nossa montanha. Você está preparada e pronta para ser eu e, assim, assumir o nosso caminho.

Judith acordou e ficou imersa ainda no sonho, refletindo, refletindo e refletindo. Naquele silêncio sagrado do despertar, verdades foram emergindo de dentro de si, pensamentos jorravam imersos em gratidão e, em sequência, um pensamento após outro.

Os filhos são sinceros, verdadeiros e autênticos, são o nosso perfeito reflexo. Enaltecem nossa luz, são como verdadeiros ímãs, exalam amor, acreditam que tudo é possível. Eles reproduzem nossas qualidades com uma perfeição que surpreende, pois pegam nossas expressões, o amor intrínseco, a conexão real e repetem, melhorando a encenação, sem conseguir se esconder por trás das máscaras que aprendemos no jogo da vida, como uma ferramenta de autodefesa. Nesse momento, lembrou-se de uma citação de Marília Fiuza:

*As máscaras nos protegem das nossas sombras,
mas também nos impedem de brilhar.*

(Marília Fiuza)

Por outro lado, nós, pais, temos a tendência de olhar para nossos filhos com o nosso olhar e não com o deles, uma atitude que se equipara a uma arma letal. Eles vêm para essa vida com a missão familiar e, mais importante do que isso, com a missão única de cada ser vivo feito à imagem de D'us. Cabe a nós, pais, termos o discernimento do que é nosso e do que é deles.

Nosso papel principal é sermos as margens do rio que corre enquanto este não pode decidir por si. Se não entendermos que cada filho é um universo à parte e os olharmos com o nosso olhar e não pelo deles, então, a leitura será catastrófica: a de que eles vêm prontos a nos desafiar.

Os pais se iludem quando pensam que ensinarão a seus filhos e os moldarão, concertando as próprias falhas e jogando seus sonhos fracassados, por qualquer razão que seja, em cima dos mesmos.

Olhamos para eles e enxergamos os nossos piores defeitos. Nos falta ar, achamos que o problema é deles, insistimos em querer corrigi-los a qualquer custo. Sentimos ojeriza, náuseas, tudo isso simplesmente nos escondendo com um medo avassalador de olharmos para dentro e vermos as nossas sombras projetadas em nossos filhos que tentamos a todo e qualquer custo sucumbir.

Porém, se os olharmos com o olhar deles, entendemos que vêm com vários aplicativos inerentes a eles próprios e alguns para que possamos nos melhorar e nos curar, mas dificilmente queremos enxergar as nossas mazelas. É mais fácil acusá-los de hiperativos, TDHA e outras doenças modernas tampadas mais uma vez com novas medicações tarja preta.

Há 2000 anos a humanidade tem sido educada a ver e viver na dualidade, no céu ou no inferno. As palavras foram desvirtuadas, enxergamos sob um véu e aprendemos que, se formos bonzinhos, iremos para o céu, se formos maus, iremos para o inferno.

Infelizmente, essa passou a ser a realidade, completamente manipulada e apresentada como verdade absoluta, apesar de ser apenas parte da verdade. A outra metade está escondida, oculta há 2000 anos e precisamos enxergar.

E nesse momento Judith se pergunta:

— Não compreendo, por que preciso morrer para ir para o céu? Não faz sentido... por que não posso viver e fazer da minha vida o céu?

E nesse momento, mais uma verdade da alma de Judith a abraça.

Essa realidade dual apresentada como verdade absoluta nunca foram as palavras sagradas proferidas. O amor é eterno, contínuo, verdadeiro. As religiões pregam o amor, nos estimulam a enfrentar a nossa dualidade, nossa batalha interna entre o que é certo e errado, para que cada um encontre sua unicidade.

Existe esse lugar único dentro de cada um que sempre vai nos mostrar a verdade. Nossas atitudes podem nos levar ao encontro desse lugar onde nos tornamos a imagem e semelhança de D'us, externando o que há de melhor em nós. Ou de outra forma, nossas atitudes podem ir tão contra o nosso desejo mais íntimo, perseguindo desejos avessos à nossa missão, que nos leva a uma noite gelada, numa tempestade fria, com a sensação de estarmos nus, sem proteção alguma, à deriva e envergonhados.

Esses pontos são extremos de uma série de atitudes consecutivas que estão relacionadas à verdade intrínseca de cada um.

A cada vez que respondermos sim a nós mesmos, que conseguimos calar o barulho ensurdecedor de nossas mentes, nos dizendo o que é certo, e ouvirmos nosso coração, estaremos um passo mais perto de cocriarmos nossa existência, de trazer Luz para esse mundo. Cada vez que dermos ouvido, ou quisermos pertencer a uma sociedade perfeitamente falsa, só pelo fato de estar sendo infiel a si mesmo, nos distanciamos de nós mesmos, damos vez à ansiedade, ao caos. O que pode parecer errado aos olhos dos outros pode ser a sua verdade única e sua salvação.

Os ensinamentos sagrados, sejam do Velho ou Novo Testamento, são códigos a serem decifrados, e dizem exatamente a mesma mensagem em diferentes palavras.

Jesus Cristo ensinou à humanidade que cada um carregue sua cruz. Ele aceitou seu caminho e seu destino, não pediu a ninguém que a carregasse. Ele veio trazer luz numa época de hipocrisia, em que todos iam ao Templo orar, mas estavam preocupados com suas vestes, com quem iriam encontrar, o que iriam falar dos outros. Uma época em que o II Templo de Jerusalém foi comprado, construído com dinheiro do Rei Herodes, onde o sumo sacerdote foi comprado, onde as atitudes estavam lastreadas em aparências e mentiras.

No Velho Testamento temos o exemplo da fuga do povo Hebreu do Egito, rumo à Terra que emana leite e mel e da mesma forma nos ensina: libertarmos do que nos paralisa, do faraó interno de cada um de nós. Enquanto o faraó lhe dá água, comida e trabalho, você não precisa escolher, pode estar sendo escravo de seu ego. Fuja de seus maus instintos. Fuja da boa vida pela preguiça de fazer o que é certo, porque isso dá muito trabalho.

Em ambos os casos, siga o Êxodo, caminhe em seu deserto, seja por 40 dias como Jesus, ou por 40 anos como os hebreus, passe pela dura realidade de se olhar e se achar pequeno, em querer sucumbir; só então terá conhecido sua fraqueza para poder encontrar a sua Terra que emana leite e mel.

Temos, portanto, a nossa cruz ou nosso caminho no deserto, como quiserem chamar, só mudam as palavras que foram escritas. Nós, seres humanos, nossos cônjuges e nossos filhos, também, cada um tem o seu próprio caminho.

A felicidade é algo inerente à humanidade e por isso a buscamos por vários meios, sempre desejando a salvação, para chegarmos ao céu no final. Dentro deste caminho tomado por véus, passamos a ver a realidade, como alguém que acabou de operar a catarata, completamente embaçado.

Nos confundimos e passamos a acreditar que, para alcançar o céu, precisamos ser bonzinhos, e começamos a esconder e sucumbir nosso lado negativo. Negamos nossos antepassados, cortamos os vínculos, nos afastando cada vez mais de nós mesmos. Nesse momento, criamos nossas máscaras e passamos a ficar presos a realidades facetadas por pura proteção.

O problema é que nós mesmos nos perdemos, passando a acreditar em nossas máscaras, criando crenças limitantes que acabam fazendo o caminho contrário, ao invés de tomarmos o caminho para o céu, nos dirigimos diretamente ao inferno.

Dentro dessa realidade do véu, a dualidade se torna oposta e oponente, quando na verdade nada mais é do que duas extremidades da mesma verdade, na qual o equilíbrio está no meio, na condução e não na escolha entre um lado ou o outro.

Nesse momento, Judith amplia o seu pensamento sobre as dificuldades encontradas pelas crianças em sua formação e sua relação com o tempo.

Judith conclui que as crianças estão conectadas com sua verdadeira essência, o tempo real da alma, elas não se prendem à linearidade da régua do tempo que aprendemos na escola, nas aulas de História; ou com o passar dos anos.

A História é maravilhosa e tem a função de nos mostrar a cronologia dos altos e baixos da evolução humana. Se a história for contada em cima da régua do tempo, sem as verdadeiras motivações dos atos históricos, sem vida, se torna uma ferramenta longínqua, chata e mortificante.

Dito isso, dá para entender, portanto, o porquê é tão difícil para as crianças lidarem com o tempo linear, uma vez que sua conexão é com o tempo celestial, com o prazer verdadeiro, aquele que preenche, que não se pode contar as horas, os minutos ou os segundos; é um tempo eterno. As horas: ter hora para brincar, para comer, tomar banho e dormir... sem dúvida, são os piores pesadelos de qualquer criança.

Judith lembrou que ao dizer para as crianças:

— Saiam da piscina e venham almoçar; ou,

— Vamos parar de brincar, tomar banho e ir para a cama dormir, pois amanhã tem aula.

Eles parecem dizer:

— Ah não, mãe! Fala sério? Tem algo pior?

Apesar de toda mãe fazer isso com suas crianças, Judith sempre se lembra de como burlava essas leis horríveis na sua infância e de como a história se repete, o pesadelo da linearidade do tempo atormenta a humanidade geração após geração. E ela, então, se pergunta:

— Tem algum jeito de fazer diferente?

Nós, adultos, com a falsa sensação de proteção, queremos parecer perfeitos, esconder nossas falhas, jogar nossas sombras nas maiores profundezas do oceano escuro e acabamos nos perdendo de nós mesmos, caindo na armadilha de escolher um lado, acabamos na linearidade dos anos, na desconexão.

Nos prendemos milhares de vezes ao dia, a criar uma vida perfeita, em que todos se casam com tal idade, têm seus filhos perto dos 30 e poucos anos, precisa-se de pelo menos 2 filhos, isso já virou consensual, têm que ser sarados, saudáveis, inteligentes, cultos, educados, ricos, com direito a viagens internacionais e filhos perfeitos. Um verdadeiro inferno se for algo de fora para dentro e não de dentro para fora.

Os portais do tempo abrem espaços para a conexão, temos milhares de chances de cocriar e fazer verdadeiros milagres dentro do cotidiano. Mas, sem acessar os portais, ao vivermos na linearidade do tempo como robôs, isso se chama inferno. Não tem sentido, não tem emoção, ocorrem sinapses cerebrais, ou seja, um corte de fluxo, no qual se inicia o processo da morte. Por isso dá para entender o pavor das crianças na escola para compreender o horário do relógio ou a aula de História, ou ainda as leis ditadas sem os porquês. Sem a verdadeira motivação e emoção, se inicia o processo de morte.

Aliás, algo que também aprendemos é não falarmos sobre morte, assunto tabu; não se pode nem cogitar a morte, mesmo sabendo que a única certeza que temos ao nascer é que um dia iremos morrer.

Nesse momento de tantas reflexões, Judith lembra o sonho com a Judith velha, lembra o espaço de tempo entre as duas e se indaga:

— Se cada um de nós foi feito à imagem de D'us, como nos desconectamos das nossas metades e só enxergamos o caos e confusão na vida. Será esse o motivo de termos tanto medo da morte?

E ela mesma se responde, se colocando no lugar da Judith velha:

— *Mein Kind*; é muito mais fácil parecer que estamos vivendo no inferno de Dante do que vivendo o céu na Terra. No livro clássico, *O Inferno de Dante*, há duas cenas que são praticamente idênticas, o céu e o inferno, com apenas uma única diferença entre ambas: a atitude das pessoas.

A cena não é um céu azul com anjos nem fadas; muito menos um inferno com um diabo de chifres vermelhos queimando num fogo ardente. Em ambas as cenas, existem várias pessoas sentadas ao entorno de uma mesa linda de jantar, com os pratos mais lindos e fartos, com flores, velas, frutas e comidas cheirosas e apetitosas; mesas organizadas e belas, um convite aos aromas, sabores e as conversas em ambas as cenas.

Numa delas, as pessoas têm seus antebraços virados para fora, dobram para trás e não para frente, tornando-se impossível de trazer a mão em direção à própria boca; portanto, impossível de se alimentar.

O que torna as cenas diametralmente opostas? Como a mesma cena representa uma o céu e a outra o inferno? A questão é que no inferno as pessoas olham aquela mesa linda e morrem de fome, pois não conseguem se alimentar. Olham para o deleite, mas não usufruem, tentam pegar a imagem, mas não conseguem participar do banquete, morrem de fome, de estresse e de raiva.

Já no céu, uns alimentam os outros dobrando seus antebraços na direção à pessoa ao seu lado direito, alimentando ao próximo, compartilhando aquelas divindades postas na mesa, sorrindo e usufruindo daquelas delícias celestiais.

Visto isso, dá para compreender que tanto o céu como o inferno estão presentes na mesma mesa, mas dependem sempre e a todo instante do olhar e da atitude de cada um. Dica: o céu está sempre relacionado ao compartilhar, ao estender o braço e alimentar o outro e nunca em beneficiar somente ao próprio umbigo.

Judith sempre olhou com admiração uma amiga sua, linda e bem-sucedida, com um caminhar confiante, sempre bela e maquiada, sempre com um sorriso verdadeiro e palavras prontas para ajudar ao próximo, alguém que é alquimista da própria vida. Ela faz com que seus sonhos e milagres se realizem.

Aquela cena poderia causar inveja em outros, mas não nesse caso, pois não é alguém "montada" da geração redes sociais, mas sim construída de dentro para fora, é alguém real. Há 18 anos Judith a olha com admiração e não inveja, indagando-se:

— Como ela consegue? Como pode estar tão feliz e ser algo tão verdadeira, tão interna? Qual foi o caminho que ela percorreu que fez seu céu na Terra? Se ela consegue, eu posso também e tenho o mesmo direito de pertencer a mim mesma. Também posso estar bem e tudo a minha volta parecer um céu azul com arco-íris e algodão doce, chuva com cheiro de grama molhada e de sobremesa um *sorbet* de frutas vermelhas coberto de *marshmallow*, com a esperança de encontrar brechas e portais na linearidade do tempo e acessar o meu tempo espiritual e real.

A linha do tempo, na verdade, é infinita, ela transborda, tudo pertence, tudo está englobado, cada ser faz parte de um plano perfeito e celestial. Mas isso só é possível desde que acessemos o nosso D'us interno, a nossa missão individual de cada ser humano.

O ponto zero de tudo contém o tudo e o nada. Ele contém a ideia de uma profissão, um casamento, uma vida bem-sucedida ou qualquer desejo perfeito até a eternidade, mas ainda nada existe.

É o ideal e é também a projeção; ainda sem o ponto inicial, que podemos chamar de 0, sendo a infância perfeita, o mundo da fantasia real das crianças, onde acreditam em tudo o que é mágico e não existe limite, porque ainda estão conectadas com a energia de amor e poder incondicional dos céus.

Já o ponto inicial, o ponto 1, é do homem que caminha, mas que não enxerga seus desafios, ele vive, faz o que tem que ser feito, mas nem pensa nem entende; é o dono de tudo e continua sem nada. Ele é 1, mas ainda não tem a consciência.

Podemos comparar com a primeira fase da nossa vida, é o corpo físico que é forte e age sem consequência, sendo a força e o sucesso o que prevalecem. Não tem limitantes, corta-se o resto, esconde, tornamo-nos super-heróis de nossas vidas e seguimos adiante inconscientes, movidos pela garra e ânsia de viver e vencer acima de tudo, o próprio umbigo. Vê-se o todo, mas não toca em nada, é um telespectador da vida.

Mas tem uma hora que chegamos ao ponto 2, a dualidade, a diferença entre tentar e fazer, enxergar os opostos, para enfim chegar ao conhecimento, a junção da nossa alma e do nosso corpo, ao equilíbrio e libertação, aceitando os lados positivos e negativos, forças e fraquezas em uníssono.

Para ilustrar seus pensamentos, Judith trouxe à memória a história bíblica de Adão e Eva.

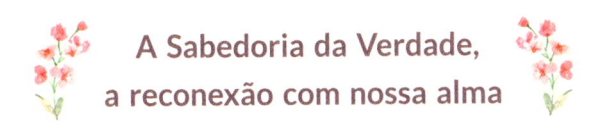

A Sabedoria da Verdade, a reconexão com nossa alma

Segundo a Kaballah, essa não é uma história do início da humanidade.

É um código da bíblia sobre nossa luta aqui na Terra, a luta da Vida, da dualidade, de alcançar o equilíbrio, de enxergarmos as borboletas e bem-te-vis, ao invés da poluição sonora e trânsito enlouquecedor. É vivermos no céu, quando unirmos nosso toque mágico e único, o nosso D'us interior tocar o mundo físico.

E o eterno criou Eva, da costela de Adão, para dar razão à vida dele, a tomada de consciência. E Eva insiste em comer da árvore do conhecimento... Ela não está pecando por ele, está lhe oferecendo o livre-arbítrio, a opção de escolher.

Só somos capazes de escolher quando temos dois caminhos. O bem só existe se houver o mal; o belo depende do feio; a vida só existe só houver a morte.

Se pegarmos esses três algarismos: o ponto zero, tudo em potencial e nada real; o ponto um onde temos a ilusão de ter e ser o todo, mas não temos a escolha e, portanto, é só metade do todo, e o dois, onde temos a dualidade, a verdadeira capacidade de escolher o certo, temos, então, a realidade do todo.

A complexidade da vida e a simplicidade do sistema binário, toda a ciência e a matemática, todo o universo simplificado no cotidiano da vida.

A matemática é a ciência que representa o metafísico, permeia a linha do tempo da história linear e adentra na espiral do tempo infinito (espiritual).

Todos os gênios da História da humanidade, como Einstein, Edson, Newton, Freud, Charles Chaplin e milhares de outros, não inventaram nada novo, somente acessaram seus potenciais divinos e os trouxeram para o mundo físico.

As crianças estão conectadas com o ponto zero, o divino e o tempo espiritual, infinito. Quando nos casamos, saímos da individualidade, do ponto um para uma vida a dois, para o ponto 2; no qual o outro não é a felicidade em si, mas o seu portal, auxiliando a encontrar a sua felicidade.

Judith nesse momento pensa: "encontrei no meu marido a possibilidade da escolha verdadeira, não para terceiros, não para a sociedade, como os pais de Lika, mas a possibilidade de dividir com ele e escolher junto dele, fazendo o contraponto para encontrar a sua verdade interna".

Adão, ao escutar os conselhos de Eva, respondeu:

Eu ouvi,
Eu temi,
Eu estava nu,
Escondi-me,
Me deste
Comigo
Deu-me o fruto
e eu Comi...

* Trecho do curso Ponto Zero, ministrado por Cátia Simionato.

Todas essas falas são de Adão e não de Eva. Ela só lhe deu a escolha, as ações foram dele.

As histórias balizam os pensamentos de Judith, ela sempre buscou na fonte das histórias bíblicas as respostas para as lutas da vida. Sempre aprendeu que a Bíblia não era uma história do passado, mas o manual de instruções da vida, que nos ensina a receber nossas bênçãos e milagres. Agora ela compreendeu o sonho na sua totalidade.

Se conhecermos o passado e fizermos as escolhas certas, teremos um futuro brilhante.

As leis da vida são sagradas.

A vida é sagrada e deve ser regada de amor.

O olhar de Judith é de conexão com a espiritualidade, algo que antecede a qualquer religião. Se fomos feitos, cada ser humano, à imagem perfeita de D'us, até mesmo as punições são para o nosso bem. Os castigos diários são quando nos desconectamos do nosso ser divino e precisamos nos reequilibrar.

Judith entende que, na correria do dia a dia, dificilmente temos consciência de olhar para dentro; os papéis no casamento ou da paternidade podem ficar embaçados às vezes, e acabamos projetando no outro as expectativas próprias de ser aceita, da felicidade absoluta, de iluminar o outro enquanto nos anulamos por algo louvável, que é a família dar certo. As dúvidas e incertezas começam a surgir ou ressurgir. E ela se pergunta novamente:

— Quantas vezes por dia eu me perdoo? Eu me enxergo?

Na visão de Judith, essa é a verdadeira passagem de Adão e Eva. Essa passagem bíblica representa a verdadeira caminhada da vida, a busca pelo conhecimento, as dúvidas, os medos, o enfrentamento das batalhas internas com um malabarismo enorme para, a cada momento, fazer a escolha certa de ser proativo e se conectar com sua verdade interna.

Tornar a vida plena e eterna a cada instante, fazer o céu aqui na Terra, em que ambas as partes se unem e se veem no espelho como a amada Judith.

O OLHAR QUE DESNUDA

Criação é praticar seus projetos de vida.

Edgard Cambiaghi

CAPÍTULO 5
O OLHAR QUE DESNUDA

Judith foi tomar um banho depois de malhar, se olhou no espelho e caiu numa risada inconformada. Ali, mesmo ao se olhar profundamente no espelho, ela e ela mesma, absolutamente nua e ainda assim a nudez da alma não aparece nem transparece, é factível de se enganar.

Ao se olhar, ela poderia ver por fora e apenas ignorar, ou olhar no fundo de seu próprio olho, aquele olhar que desnuda a alma e assume o que ela lhe pede.

Olhar e ignorar ou olhar para dentro
e assumir, qual é sua escolha hoje?

No dia a dia, nos esquecemos do milagre que a vida é. Uma vida gerada a partir de uma gota sagrada do homem que representa o sol, a força rompante masculina, o potencial do doador universal da luz do conhecimento completo.

Essa gota que se faz viver em uma cavidade ainda escura, receptora universal da Luz, capaz de gerar a vida, de criar e recriar o todo, representada pela Lua, munida da mais pura emoção, pronta para formar a vida, dentro da natureza feminina. Cabe ao homem escolher a alma e trazer ao ventre; cabe à mulher concretizar, materializar, dar à vida em forma da mais pura luz.

O milagre de fazer nascer uma vida dentro de nós faz lembrar o tempo todo como a vida é maior do que tudo. Muito maior do que nós mesmos, ela transborda. Um ser gerado da junção da dualidade criando a unicidade perfeita.

A certeza de que D'us existe, que somos um mero instrumento em Suas mãos. Mãos da perfeição e da imensidão do todo. Onde o mundo se torna completo, onde tudo faz sentido, onde pertencemos a esse mundo redondo, sem início, meio e fim.

Onde o prazer é eterno, preenchido pelo sentimento de mais profunda gratidão por fazermos parte dessa plenitude.

Na correria das crianças para chegarem no horário à escola e nós ao trabalho, da ordem do dia transcorrer sem intercorrências e numa projeção de vida perfeita, nos desconectamos totalmente do milagre que é despertar para uma nova vida a cada dia, a cada manhã.

Lembrarmos que essa criança atrasada para ir à escola é a mesma que ficou no seu ventre nove meses, que você chorou ao vê-la vir ao mundo, e que a preguiça de acordar sem pressa, querendo um abraço com cheiro de criança amanhecida, olhinho remelado, um beijo melecado, uma coçadinha nas costas, esse é o milagre em si.

A vida adulta automática de cumprir tarefas, de sermos pais perfeitos, de termos que apresentar à sociedade filhos perfeitos e felizes nos desconecta, no mesmo instante, de estarmos plenos em nossas vidas. Três minutos de atraso pela manhã são suficientes para nos esquecermos do que importa e, então, perdemos a chance de acordá-los com aquele sentimento do milagre de um novo dia, resgatando, a cada dia, o mesmo sentimento do dia em que nasceram.

Estar atento o tempo todo, aproveitar as milhares de oportunidades de um cotidiano simples para acertar, espalhar a semente do amor a cada vez que for possível, transformar um compromisso chato em uma oportunidade de estar bem na situação que lhe aparece. Sentir-se linda e assim estar pronta para um olhar que desperte a paixão novamente. Tudo é válido, a todo instante, para retornar ao sentido real da vida.

Estamos na era das redes sociais, era da imagem de uma vida perfeita, na qual é possível um casal parar uma briga para tirar uma *selfie* apaixonada, arrecadar milhares de curtidas e então continuar sua discussão sangrenta.

Parecer perfeitos, lindos e cada vez com menos rugas e mais filtros, uma geração Marvel cheia de *Barbies* e super-heróis blindados em suas gaiolas da mentira, que faz com que as pessoas se fechem, escondam seus medos e dores em uma profundidade quase megalodôntica e, na contramão dessa sociedade estupidamente perfeita, estamos desenvolvendo uma sociedade cada vez mais doente, cheia de dores físicas e psíquicas.

O nível de pessoas jovens com câncer e doenças autoimunes, como *Alzheimer*, artroses, fibromialgia, alergias que corroem a pele, entre milhares de outras pandemias que vivemos hoje são, em grande parte, o resultado das pessoas só conseguirem se reconectar a sua essência nos momentos de dor profunda, doenças e acometimentos muito negativos.

Desaprendemos a aprender pelo amor,
cada vez mais o aprendizado está vindo pela dor.

Judith, apesar de ter vários lembretes diários para não se desconectar, pergunta a seu melhor amigo que o universo lhe deu, Gustavo:

— Gustavo, precisa ser assim? Como faço para me manter conectada na correria do dia a dia, sem precisar sentir dor?

Não aguento mais a dureza e o drama das novelas mexicanas na vida real. Como consigo ser leve como você, livre e solta na vida? Tem uma leveza de pluma... quero aprender a viver assim...

— Minha irmã! — exclama ele — basta escolher ser feliz. Simples assim! Tenho pena das pessoas que não querem ou não conseguem ser felizes. Adoro acordar, levar minhas filhas na escola, correr meus 10 Km, voltar para casa por volta de 9h30 da manhã e dar uma namoradinha livre, leve e solta como nasci para ser: feliz e leve!

E continuou:

— Você já reparou na diferença de como as pessoas acordam numa viagem de férias e como acordam no dia a dia da rotina? Na primeira opção, mesmo que estejam atrasadas para um passeio, ou chuva com um dia planejado para ir à praia, ainda assim, acordam felizes. Já no despertar da rotina, o despertador toca e as pessoas pulam da cama atrasadas para um novo dia. Ligam-se à vida no modo acelerar e cumprir tarefas; saem desembestadas. Pergunto: em direção a quê? – e Gustavo continua sua reflexão...

"Cada vez que olho isso, penso: como pode? É a mesma pessoa! E parece diametralmente oposta. Nas férias, acorda sorridente e contente; na rotina, como se vivesse no inferno. Poucos são aqueles que entendem que, ao despertar pela manhã, precisam se conectar e se dar chance de ser feliz, igual quando se está de férias. É a mesma vida! E ainda, abrir os olhos e perguntar ao universo: o que tenho para hoje? O que o coloca no trilho certo? A malhação ou a caminhada da manhã; praticar sua yoga; uma xícara de café ou o cheiro do chá de hortelã colhido do seu jardim? Sua oração? Sua meditação? Um beijo? Uma namorada leve para começar o dia? Regar suas plantas ou ver um beija-flor no seu jardim?".

E Gustavo pergunta à Judith:

— Judith, se não sabe o que a conecta, pelo menos você já sabe o que a tira dos trilhos da sua vida? O que a enfraquece a ponto de perder suas forças?

— Gu, quando te olho, acho incrível como você consegue ser leve e seguir a vida numa boa, no meu desejo de ser o mais perfeita possível, caio nas minhas fraquezas, de uma maneira que petrifico, fico ali parada, perco muito tempo, até que consiga me reerguer para minha luta. Meu olhar desnudo no espelho me coloca na encruzilhada de quem vou ouvir, meu lado lobo (animal) ou meu lado anjo (consciente).

E Judith continua:

"Me considero feliz, mas densa. Cair nas minhas fraquezas saqueia todas as minhas forças e fico muito tempo ali num lugar de menina mimada, sem forças para reagir, querendo culpar alguém, e isso drena minhas energias, perco um tempo danado. Por outro lado, o meu papel de mãe me faz reagir rapidamente num salto quântico onde me sinto uma leoa, com força para lutar e fazer o que for necessário".

Judith tem que estar atenta não só às suas quedas, mas também aos seus extremos, em que se atropela e passa por cima de si mesma. Ela percebe que a própria salvação, a força de ser mãe leoa, pode ser também motivo de orgulho e a vaidade podem também derrubá-la. Ambas as situações podem derrubá-la, sem que ninguém veja nem perceba.

Judith deseja profundamente ser assim, leve, sem pensamentos mais profundos, sem culpas. Observar e ver que não há morte ou salvação, mas tentar manter o equilíbrio, que é o que a deixa inteira, na direção certa.

Uma coisa é certa, o ser humano é *expert* em se enganar, em tentar pegar os atalhos. Nosso cérebro a todo instante nos convence a ir pelo caminho mais curto e mais fácil, dizemos ou pensamos:

— Só essa vez, não vai me fazer mal, vou conseguir voltar...

E assim sucessivamente, caímos no próprio abismo, dando vazão a todos os nossos monstros e fantasmas que aparecem sutilmente, com dúvidas e medos louváveis em nossas vidas, com inseguranças que nos perseguem e nos convencem.

Ao tentarmos nos descolar de velhos hábitos e voar livres, novamente temos falta de ar, insônia, ataques de ansiedade e, na verdade, isso só é a manifestação da nossa criança ferida, que tomou conta de nós quando nos colocamos no papel de vítima, sem assumir responsabilidade pelas nossas escolhas e nos diz num sussurro:

— A vida é dura demais, os desafios são maiores do que podemos suportar, se esconda comigo aqui nesta caverna, onde nenhum urso ou leão pode nos pegar, é seguro.

Judith não afugenta, nem castiga essa criança ferida que passa a vida se escondendo em cavernas para se proteger.

A segurança exacerbada é o problema onde se para de viver, na busca de se manter protegido, mas também longe de toda e qualquer luz, onde só se sobrevive, mas nunca se vive.

Judith resolve mudar de estratégia e convida sua menina pequena para dar a mão e não ter medo, diz que abra seu coraçãozinho doído, seguem até o Madison Square Park e a pequena pede o ouvido para contar um segredo:

— Não adianta tentar, é muito maior do que eu, não consigo, tenho muito medo. Você viu como é grande e perigoso lá fora? Olha para mim! Sou pequenina, frágil. Aqui ninguém me pega, estou segura.

— Eu te entendo, e concordo que o gigante é enorme e assustador — respondeu Judith adulta — mas feche seus olhos e imagine-se onde você é livre para voar. Você está sobre o *"Fúria da Noite"*, ao lado da *"Banguela"*, dragão do filme *Como treinar seu Dragão*, com o qual o mundo tem as cores mais belas do entardecer, num mundo mágico e livre de voos rasantes, onde os dragões estão vivos, livres do perigo, morando nos céus. Como você se sentiria voando e livre com eles? O que se passa com você nesse momento?

— Bem, nesse momento o medo some, não me assusto com nada, ouço as batidas do meu coração acompanharem a música da natureza e a minha respiração também, e tudo é uma coisa só. Eu sou livre, voo, amo a vida e as cachoeiras, a natureza, amo o *"Banguela"* e a *"Fúria da Noite nos Fiordes"*, faço parte do todo e o meu medo sumiu – respondeu a pequena.

— Minha pequena, que lindo! Pare e se escute. Você nessa hora entende que a sua realidade é você quem cria? Se pensares nos monstros, se esconderes de ti mesma, eles se tornam gigantes que te fazem desaparecer numa caverna escura. Mas se pensares no seu voo e nas cores do pôr do sol, você simplesmente voa e se torna maior do que eles, isso tudo sem sair da própria cama, só com o pensamento – falou Judith adulta, e completou:

— Recrie-se, meu anjo, quantas vezes precisar, quebre os seus desafios em pequenas conquistas e torna seu caminho exequível. Não olhe para os seus erros, mas olhe para cada nova conquista, para cada novo passo dado. Eu sempre acreditei em você, olhe-se com amor e compaixão no espelho, olhe para você e não se compare com os outros, simplesmente seja sua melhor versão; o seu caminho é só seu e tem que vir de dentro para fora e não o contrário.

Na correria do dia a dia esquecemos de despertar, de nos espreguiçar, de lembrar acordados quem somos dormindo. Afinal, o anjo Lailah nos contou todos os nossos segredos, mas nos esquecemos e acabamos ligando a vida no Waze, buscando caminhos mais curtos, quando na verdade estamos no modo avião, desconectados da nossa essência.

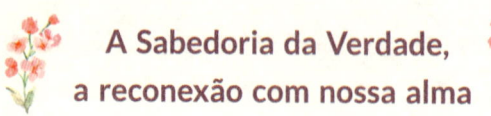 **A Sabedoria da Verdade, a reconexão com nossa alma**

Qualquer atividade que logo pela manhã o faça se conectar com sua essência, o que chamamos de livre-arbítrio, na direção de dar um passinho para restaurar e desenvolver alguma correção de caráter, vale um dia de vida bem vivido.

Se precisas controlar a língua, cinco minutos de meditação podem ser sagrados para você. Se precisa controlar o apetite, uma caminhada ou outro esporte pode levá-lo a ter a força que necessita para tomar o rumo correto a cada dia.

Judith adora observar quando seu marido acorda com uma agenda a cumprir e resolve surfar antes do sol raiar, nesse momento ele está dando lugar a sua conexão mais íntima em acessar dentro de si seu potencial de cura com o universo. Ele, médico nessa vida é condutor da energia vital de D'us pois, ao chegar no hospital para cumprir sua agenda de cirurgião, ele totalmente conectado ao seu propósito usará a mesma faca que o meliante cortou sua vítima para salvar a vida do paciente.

O objeto físico é o mesmo, o que muda é a intenção de melhorar ou piorar, portanto o mundo físico é um meio, e não o fim das nossas ações. Podem ser utilizados para o bem ou para o mal.

Como a avó de Judith sempre dizia, citando Lao Tse:

"Quem conhece os outros é inteligente. Quem conhece a si mesmo é iluminado. Quem vence os outros é forte.

Quem vence a si mesmo é invencível".

O OLHAR DA ALMA

Há um olhar que reconhece os curtos caminhos longos e os longos caminhos curtos.

Rabino Nilton Bonder

O OLHAR DA ALMA

Desde pequena, Judith sentia vontade de estar por perto de mulheres fortes, de gente mais velha; suas avós de criação e de coração contavam suas histórias, em que a pequena se sentia acolhida e corajosa, como se um lobo passasse para ela a sua centelha selvagem, aquela energia própria de lutadoras e sobreviventes, do livro *Mulheres que Correm com Lobos*, de Clarissa Pinkola Estés.

Judith devia ter uns cinco anos de idade, era domingo, dia de visitar a Trude. Saíam de casa para visitar aquela velhinha magricela e corcunda que usava dentaduras, e que sempre tinha as melhores histórias e o melhor abraço para dar.

Sua casa era longe, uns 30 minutos de carro, no centro velho da cidade de São Paulo, num conjunto de prédios antigos, em meio àquelas praças enormes, com bancos de concreto, cheios de pombos, os quais Judith e seus irmãos corriam para tentar pegar – não havia esse drama de hoje em que fazemos um estardalhaço se um pombo abrir as asas perto de nós – e roubar-lhes uma pena para fazer uma caneta tinteiro, coisa de criança, enquanto seus pais conversavam com a doce Trude.

Em sua pele enrugada, uma tatuagem com um número em seu braço, contendo seu número de prisioneira no III Reich, no campo de concentração de Auschwitz. Algo que não poderia ir embora dela.

Para a pequena Judith era algo triste, mesmo ainda sem saber o que foi a 2ª Guerra Mundial, mas que ela desejava arrancar-lhe da pele, pois via que, cada vez que Trude olhava para a tatuagem, seu olhar se esvaziava. Para Trude, com seus 86 anos de idade, era algo que estava cravado em seu coração, muito mais forte do que em sua pele.

Trude era uma das milhares de judias sobreviventes do Holocausto. Foi casada e teve um casal de filhos. No início, passou pelo gueto na Polônia e foi mandada para o campo de extermínio de Auschwitz. Ela era enfermeira, portanto útil na guerra e trabalhava como tal para os nazistas.

Presenciou os horrores do Holocausto, milhares de pessoas morreram, mas o que tirou a vontade de viver foi presenciar a morte de seu marido e de seus dois filhos nas câmaras de gás e ter que, com as próprias mãos, retirar seus corpos sem vida de lá, jogando-os nas fogueiras que cheiravam à carne humana queimada e espalhavam cinzas pelos ares, os nevoeiros dos Campos de Concentração.

Por milhares de vezes ela disse que ali sua vida se apagara diante de seus olhos, que preferia um milhão de vezes ter ido no lugar deles, mas que não sabe por que, apesar de não querer, seu instinto de sobrevivência prevaleceu.

A força de Trude é algo que marcou profundamente Judith. Ela falava de uma vida no passado, como se tivesse morrido também, sua voz continha uma dor sem precedente, uma tristeza profunda, mas, ao mesmo tempo, falava também da força de ter se mantido viva.

Seu olhar continha ambos, a tristeza da dor e da morte e a força de continuar. Essas percepções na época eram inconscientes, mas Judith amava visitá-la aos domingos, estar ali por perto trazia emoções positivas de coragem, de ir além. Tudo o que desejava era passar seu dedinho naquele braço magricelo sobre o número de prisioneira em seu antebraço e só queria escutar qualquer coisa que ela tinha a contar.

Seus pais já avisavam no carro:

— Crianças, sem perguntas, ela só quer esquecer.

Mas a única coisa que Judith queria era saber como ela conseguia continuar e, num domingo, Judith não se conteve e perguntou:

— Trude, como você ainda está aqui?

E ela respondeu:

— *Mein Kind*, eu os vi entrarem vivos nas câmaras de gás e tive que retirá-los dali mortos. Você não pode sonhar o que é isso. Eu peguei os corpos de cada um deles, coloquei no carrinho de mão e os joguei numa pilha de corpos, milhares de mortos, meu marido e meus dois filhos. Eu fiz não porque quis, mas porque fui obrigada. Queria ter morrido com eles, mas não morri. Eu simplesmente fiquei, trabalhei e continuei. Mas morri ali. Não consegui sentir mais nada, fiquei anestesiada. Nunca mais quis sorrir ou pensei em ter outra família; só segui.

E continuou:

— Após a guerra, vim para o Brasil. Sem falar português, fui trabalhar na casa de seus avós, fui ser a babá de seu pai. Falava com ele em alemão. Cuidei dele com amor, mas a tristeza em meu coração, nada e nem ninguém pode apagar. Foram mais de 40 anos de silêncio, não podia falar. Seu pai se casou e aqui estou até morrer. Não há um dia que não me lembre do que vivi. Não há um dia que não toque na minha tatuagem e não me pergunto por que tive que viver no lugar deles, em vez de ir. E estou aqui esperando para poder reencontrá-los, assim que chegar ao céu.

Não segui vivendo,
sou uma sobrevivente.

Judith era pequena, mas a força da sobrevivência e a sensação de ter que seguir um outro caminho sempre estiveram consigo. Sempre se questionou como Trude conseguiu sobreviver. Agora, adulta, quando se lembra dói ainda mais, pois recorda-se do olhar vão... Que instinto de lobo é esse que não a deixou morrer com seus amados e a fez continuar, ainda que anestesiada, como se estivesse vagando pela vida?

Trude sempre esteve presente em sua vida. Judith não entendia, mas a sensação de que alguém está vivo, sem querer estar ali esperando o dia de morrer, vivendo no coma da vida... essa dualidade já mexia com a pequena menina, querendo entender quem era em sua própria vida, nos momentos em que vagava também, sem saber o rumo que tomar.

Já adulta e prestes a se casar, ganhou de sua Tia Marina um livro chamado *O Compromisso com a Vida*, de Esther Jungreis. Esse livro respondeu 25 anos de perguntas sobre a dura História de Trude. Esther Jungreis também foi uma das milhares sobreviventes dos campos de extermínio que foram o Campo de Auschwitz na Segunda Guerra Mundial.

Esther Jungreis nasceu na Hungria e, assim como Trude, sobreviveu aos horrores da Segunda Guerra Mundial, ficou doente, teve cólera, piolho, se desidratou, perdeu seus familiares e terminou a guerra órfã, com cinco anos de idade e vagando num trem.

Mas, ao contrário de Trude, ela saiu da guerra decidida a fazer de sua vida algo repleto de sentido, remediando o que vivera nos campos de extermínio.

Esther saiu órfã sim, foi para um orfanato, depois foi morar com parentes distantes e estudar num colégio interno. Se casou com um também sobrevivente do Holocausto, um rabino, e foram constituir família nos Estados Unidos. Esse casal escolheu usar de sua dor para dar sentido as suas vidas. Passaram a dar palavras carinhosas, abraços silenciosos de profundo conforto a enlutados e pessoas sofridas.

Enquanto o rabino cuidava da comunidade, Esther dedicou sua vida em combater os horrores do Holocausto Espiritual que corroem e matam as pessoas de maneira lentamente, dia após dia, ano após ano, exterminando os seres humanos que se assimilam à sociedade moderna, perdendo-se de si mesmos.

Esther buscou, enquanto viveu, ressignificar a vida nos grupos para os quais palestrava, buscando o sagrado que vive dentro de cada um nós. Dedicou sua vida para reconstruir a ponte que se quebra na cidade robótica de um cotidiano sem sentido, em que se desconecta da semente do casamento, da semente do amor dos filhos e da semente que responde ao porquê de estarmos trabalhando em algo.

Ela conversava com nossas almas, ressignificando o corpo e a alma, se abrindo para uma vida cheia de sentido nas pequenas coisas, em buscar D'us nos detalhes de uma vida simples e cotidiana.

Uma vez, numa de suas palestras, falou sobre como cozinhar um arroz de pato para seu marido exausto da batalha sangrenta de um duro dia de trabalho, e nele conter todas as bênçãos dos céus, acessando o mesmo amor da hora de um casamento glamouroso. Uma atitude extremamente simples, que tem o poder de reascender a paixão entre um casal. Certa vez, ao falar palavras encorajadoras para uma de suas ouvintes, ela deu a oportunidade de descer do salto alto de uma advogada bem-sucedida, que se fechara para o amor e se trancara em seu trabalho, criando uma distância gigantesca entre ela e o marido. Esther disse a ela:

— Vanessa, vá para a casa mais cedo, coloque seu avental, faça aquele pato que fez a primeira vez quando quis conquistar Charles e os aromas e sabores podem reascender a paixão.

— Dona Esther — disse Vanessa — sou sócia do maior escritório de advocacia e a Senhora me pede para assar um pato para meu marido, quando mal conversamos, enquanto pago uma cozinheira com graduação para cozinhar a melhor comida?

— Exatamente isso — disse Esther.

E continuou:

— Se você descer do salto, diminuirá a distância entre você e seu marido, ele sentirá no seu corpo o aroma do amor, você descerá também do salto alto da vida em que se colocou e voltará a se conectar com a alma e com o sentido original do amor. Acredito que, assim, Charles vai olhar para você como sua esposa novamente, a mulher dele que zela por ele e não para uma advogada pedante que acha que é importante por ter um par de solitários nas orelhas e pelo cheque que ganha. Não me entenda mal, cheques e brilhantes são maravilhosos, mas não regam amor entre casais.

E assim foi.

Um ano depois, ela os encontrou numa reunião e Vanessa agradeceu imensamente por ela ter ajudado a reconstruir um casamento à beira de um colapso, com um prato de comida cozido com amor, carinho, sedução e redenção.

Quando Esther Jungreis entrou em sua vida, Judith conquistou o passaporte para assumir mais uma vez as rédeas de sua vida, ajustando três graus na direção de sua missão.

Resolveu deixar de culpar terceiros
pelo bônus e ônus de seu destino.

Entendeu que, apesar de ser judia, descendente de sobreviventes e fugitivos do Holocausto, de uma ancestralidade banhada de heróis que sobreviveram, fugiram e reconstruíram suas vidas, continha também uma história velada de honra contida num sofrimento que doem os ossos, da qual ela faz parte, mas não precisa mais viver com isso.

Podia pedir para esses comportamentos de vítima da história para que desçam na próxima estação do trem, dando lugar para reconstruir sua história, sendo leal a ela mesma e não ao passado.

Nós fomos criados à semelhança e a imagem de D'us, mas cada um tem seu toque único, impresso em seu DNA. Todos nós temos o desafio de compreender, tocar e fazer com que essa missão se torne a luz que guia e desenha nossos caminhos aqui na Terra.

Compreender o passado, entender que somos livres para dar continuidade ao futuro à nossa maneira, descobrir no percurso a missão de cada um é desafiador, mas muito mais que recompensador, é divino.

É muito comum as pessoas se anularem nas armadilhas do passado, como Trude, ou do futuro, quando se casa e tem filhos e nos enganamos facilmente a esse respeito, várias vezes ao dia.

*Estar atento para não projetar desejos
e frustrações na família ou no trabalho,
deixando que o nosso maior desejo de sucesso,
não se torne a própria âncora que afoga
os nossos próprios sonhos.*

No caso de Judith, a família sempre foi o sonho e seu ponto de partida. Mas transformar o sonho em peso, querendo manter uma família perfeita, unida a qualquer custo, sem deixar com que cada um ande por si e crie as próprias vidas, seria sua prisão, sua própria ruína, além de transformar seus descendentes miseráveis por dentro quanto mais lindinhos pudessem parecer na foto da família nas redes sociais.

Esther ensinou a Judith, em sua cabeceira, que a responsabilidade por um mundo melhor ou pior depende da educação que os pais dão a seus filhos. Se o resultado da educação for bom, deixa-se um mundo melhor; por outro lado, se a educação for ruim, teremos um mundo pior amanhã. Nós, pais, somos responsáveis ativamente por qual fruto será colhido amanhã.

Foram muitas as pessoas que influenciaram a vida de Judith; todos eles são projeções que ao longo da vida foram ajudando-a a juntar os fragmentos de seu espelho e a se enxergar como um todo, a se ver como o universo e não como uma estrela perdida e solitária no buraco negro da imensidão.

Unificar seus pedaços; juntar a inocência e peraltice de uma infância livre com a rigidez das regras da vida adulta. Encontrar seu universo dentro de si, transbordando-o de dentro para fora, foi superar a si mesma.

Mais do que entender, foi preciso criar coragem para parar, mudar e transformar o medo de não ser amada. Foi preciso coragem para se decepcionar, como a Trude, até que fisicamente a dor se tornasse insuportável de carregar, um peso em não ser real consigo mesma, de estar morta para si.

Tomar consciência do passado doído e necessário, libertando-se para um futuro livre para música, dança, prazer, viagem e alegria. Um novo olhar para a vida, em que se aceita, perdoa-se, agradece e segue viva, curada pelo amor, como o que Esther Jungreis lhe ensinara; um ato de sabedoria divina.

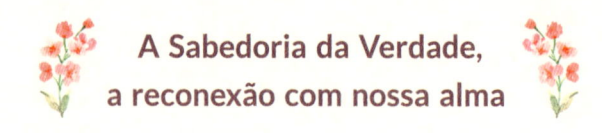

A Sabedoria da Verdade, a reconexão com nossa alma

Há um olhar que sabe discernir o certo do errado e o errado do certo.

Há um olhar que enxerga quando a obediência significa desrespeito e a desobediência significa respeito.

Há um olhar que reconhece os curtos caminhos longos e os longos caminhos curtos.

Há um olhar que desnuda, que não hesita em afirmar que existem fidelidades perversas e traições de grande lealdade.

Este é o olhar da alma.

(Alma Imoral, por Rabino Nilton Bonder)

Precisamos todos desse olhar da alma para descobrir quem somos de verdade, e encontrar a Orquídea Sagrada.

O CENTRO DA PAZ

Um dia você perceberá que todo o universo pode ser encontrado dentro de você, e nesse dia você será um mago. O mago não vive no mundo, o mundo vive nele.

Deepak Chopra

O CENTRO DA PAZ

Descobrir quem somos.

Desmistificar, honrar, perdoar e soltar nossos antepassados.

Nos posicionar na vida.

Afastar o que já não nos cabe.

Ter coragem para fazer diferente.

Se olhar com amor profundo, escutar o seu coração, segui-lo, segui-lo, segui-lo, até que já não se encaixe na história dos demais e possa começar a própria história.

Um sentimento de voltar no tempo que não estava aqui, em que passado, presente e futuro se misturam, onde Judith sente a energia de estar no deserto a caminho da Terra Prometida com o povo de Moisés, a energia das ondas de uma melodia, do bater das asas de uma borboleta, na abelha que pousa para sugar o néctar da planta para se reproduzir e voa para espalhar uma nova vida que nascerá.

Em tudo isso, a energia flui sem tempo e nem espaço, Judith sente toda essa energia em si e em suas memórias celulares, tudo ao mesmo tempo... tudo se funde.

Início de 2020, economia retomando, bolsa de valores subindo, dólar e taxa de juros em queda, quando o professor Coronavírus resolve visitar o mundo. Bem na época da passagem bíblica da saída do Egito, da Quaresma para os Cristãos, chega a Quarentena do Corona para acessarmos e nos lembrarmos do que já foi a História da humanidade.

De repente, num mundo ultramoderno e tecnológico, todos paramos, nos quatro cantos da Terra: Sincronicidade!

Sempre pedimos tempo qualitativo com nossa família, consigo mesmo; desejamos férias o tempo todo, para poder sair, pensar, refletir.... daí resolvemos ir de férias para Disney com as crianças porque achamos que são as férias dos sonhos.... mundo da fantasia... mas andar naqueles parques até exaurir as forças físicas e no dia seguinte ter que voltar, dizer não para cada brinquedo ou picolé que nossos filhos desejam, o sonho que vira um inferno, pois acreditamos que o Mickey e suas montanhas russas vão nos fazer felizes.

Enfim, a Covid-19, chegou, trancou todo mundo em casa, fez como na passagem bíblica, em que os hebreus pintaram suas portas com o sangue do cordeiro inocente para que o anjo da morte dos primogênitos pulasse aquele lar.

E assim foi, nos trancamos, pintamos nossas portas, clamando para que o coronavírus pulasse nossos lares, e de repente nos vimos todos de férias em nossas casas, mesmo que com *home office* e *home schooling*, mas numa situação em que não podemos fugir de nós mesmos, das nossas escolhas e dos nossos destinos. Algo tão desejado e tão temido, tão dúbio. Uma situação que pode causar pânico, por não sabermos o que fazer ao nos olhar presos em nossas escolhas.

Nesse momento, não importa nossa religião, mas a nossa fé; não importa nosso partido político, mas que governemos nossas vidas com sabedoria; não importa a classe social, pois estamos todos de sandálias Havaianas e shorts lavando banheiros, cozinhando e ensinando nossos filhos a serem gente, a cuidarem uns dos outros, a cada dia um tomar a frente da louça a ser lavada, do prato favorito e fácil que será cozido, fazer caber no dia lotado, trancado porta adentro a meditação, a malhação, a paz e ter um momento *relax* que é um jogo da família culminando o dia em felicidade.

E assim, nos vemos todos UM, todos iguais,
em nossas casas, que finalmente têm a chance
de se tornarem lares, que é o corpo de
nossas famílias, assim como nosso corpo
é a morada da nossa alma.

Nesse espelho os cinco sentidos se calam, Judith não procura ouvir os outros, falar algo para alguém, cheirar um óleo essencial que ajuda a ter bom humor e aquietar a ansiedade, sentir o gosto de sua comida preferida ou tocar em seu amor e ser tocada. Ela apenas se olha por dentro, usando os cinco sentidos para acessar o seu local de quietude total, e vê dentro de si o universo todo, exatamente a mesma cena de uma noite estrelada no céu.

A paz a invade com esse olhar e nada mais importa. Nesse espelho não existe a culpa nem o julgamento, existe a aceitação, o autoperdão. Existe o olhar de todas as pessoas que Judith achava que a machucaram lá trás, mas, na verdade, ensinaram, pelas suas fraquezas e pela dor, como um espelho.

E ali ela fechou os olhos e pediu perdão a cada um de sua lista das pessoas que baniu de sua vida, entendendo que elas são parte de si e que nessas pessoas ela aprendeu a dizer a verdade, como quando perdeu sua melhor amiga pela mentira; a reconhecer uma pessoa de sucesso – não como alguém arrogante, mas como alguém que conquistou o sucesso sem precisar causar inveja por não ter sido realizado à sua forma.

Judith também se lembrou de alguém que não conseguia olhar nos olhos por muitos anos, pois se achava menos evoluído, nesse caso a própria Judith se percebeu arrogante, se achando superior e não respeitando a missão e evolução individual de cada pessoa. E, por fim, ela olha no espelho e "enxerga" na sua face algumas palavras:

*Eu me amo e me coloco a serviço
de mim mesma, da minha alma, eu escolho
a fluidez, eu escolho viverem mim,
comigo em paz, aceitação e uníssono.*

As pessoas não sabem se se conectam com o pânico da pandemia ou com o medo da solidão de se ver em casa, presas a escolhas que não reconhecem, se olhar no espelho e ter medo de se ver, longe de nossa verdade interna.

Alguns, presos em mentiras descaradas de desculpas esfarrapadas de uma rotina estressante que nós mesmos criamos para poder fugir do auto-olhar, do autoencontro, das armadilhas da mente, para nos distanciarmos de nossa verdade mais íntima.

O medo volta à tona, um medo antigo da época romana, em que aprendemos erroneamente a nos contentar com "Pão e circo", e vivemos assim há 2000 anos. Nesta época de escuridão, aceitamos o "pão e circo" da vida, aceitamos a imagem distorcida de céu e do inferno, desvirtuamos o significado da palavra pecado e a humanidade resolveu viver no véu da mentira.

O significado da palavra pecado, é "errar o alvo", mas, em vez disso, para calar o desconforto de brigar incansavelmente pelo que é certo, nós nos calamos e aceitamos o significado da palavra pecado da época romana: pronto, dessa forma podemos descansar no sofá da vida, como coitados pecadores, pois é impossível não ser um pecador e não ir para o inferno, então para que lutar?

Muito mais cômodo é se aceitar como vítima, ou como pecador, do que carregar nossa própria cruz, como fez Jesus Cristo, sem reclamar de seus caminhos.

Num pânico desse de parar a vida mundial, cria-se uma mortalidade enorme, não condizente com o percentual real da doença; um *crash* pior do que 1929 na economia mundial e, mais uma vez, a gente se conecta com o efeito e não com a causa de tudo isso, mais uma vez perdemos a oportunidade de ver a realidade, a autorresponsabilidade e a responsabilidade mútua de assumir e corrigir nossos próprios erros, nossos pulmões tomados por uma densa camada de medo de viver, e não do coronavírus.

Na época em que Moisés subiu e jejuou 40 dias e 40 noites no Monte Sinai, ele confiou, seguiu, se entregou, fez sua parte e se encontrou com a sarça ardente. Ele escutou seu chamado e recebeu os mandamentos de D'us para uma vida plena, o Velho Testamento.

Enquanto isso, o povo duvidou!

As tentativas da humanidade de sair da escuridão aconteceram e acontecem há milhares de anos.

É incrível como a busca por uma identidade é cíclica e roda toda a História da humanidade, a cada geração, coletiva ou individualmente.

Pode um ser humano negar sua divindade?

Pode uma nação inteira ser dizimada em nome de D'us?

Será que a humanidade tem que chegar a esses extremos para se entender viva, sem nada e com tudo?

O aprendizado precisa ser sempre pela dor?

Na caminhada da vida nos perdemos e nos enganamos, duvidamos da nossa própria fé, fazendo com que a maioria das pessoas desista de tentar, simplesmente nos deitamos no sofá exaustos e escolhemos no controle remoto o destino que mais nos agrada, nos tornamos espectadores de nossas vidas.

Na ânsia de acertar o mais rápido possível, acabamos tomando o caminho mais curto da floresta, onde damos de cara com os lobos maus.

Nos enganamos e passamos a vida fugindo do nosso próprio encontro, de transformar nossas sombras em luz, o maior desafio da humanidade.

Burlamos porque dói e queremos uma vida fácil, uma vida de sorvete com *marshmallow* e algodão-doce; uma vida regada de prazer imediato, que nos leva instantaneamente à nossa própria câmara de gás, e passamos os restos de nossos dias como verdadeiros zumbis nesta vida.

Tentamos a todo custo esquecer os monstros que nos assustam e buscamos subterfúgios que nos calem a alma. Mas essa é a cilada, facilidade no início que acaba num beco escuro, no qual o lobo vai nos engolir.

Como dizem os sábios, conectar o céu e a Terra não depende de dinheiro, erudição ou de poder, mas da consciência de cada ser.

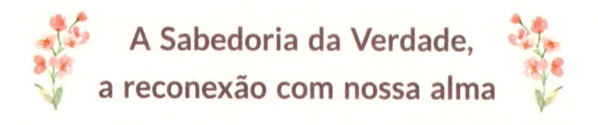

A Sabedoria da Verdade, a reconexão com nossa alma

Se não fizeres nada: só isso é o suficiente para o mal lhe tomar de ti.

Trilharás nos caminhos do bem, trabalharás diligentemente, dia e noite, noite e dia sem fim, já para os caminhos do mal, basta deixar de vigiar.

Quero finalizar com um conto talmúdico*: um dos maiores costureiros do mundo físico com o mundo espiritual

---

* Contos da lei Oral, passadas de geração por geração desde os anciãos até os dias de hoje.

morava em Tiberíades, em Israel, e era muito humilde, um sapateiro. Mas a cada nó que costurava nos sapatos em que fazia, ele conectava o céu e a Terra. Materializar o mundo espiritual em cada costura de um solado de sapato – quanto merecimento e quanta honra! Pessoas dão tudo por esse momento, pagam milhões e um simples sapateiro analfabeto acessou essa energia de juntar o céu e a Terra num nó de sapato... Como Judith...

...que costurou sua alma a sua vida, como uma Orquídea Sagrada, que com toda a sua plenitude em beleza e altivez, brota da terra, do húmus, finca bem profundo na terra para desabrochar em plenitude no céu.

Não é sobre ser diferente,
é sobre ter a coragem de ser você!

APRESENTAÇÃO
DA AUTORA E CONTATOS

Monica Koren nasceu em São Paulo e mora em Fortaleza, é casada e mãe de cinco filhos.

Formada em Administração de Empresas com especialização em finanças, trabalhou no mercado financeiro, da saúde e no terceiro setor por 23 anos. Só se descobriu como parte integrante e proativa do mundo a partir da construção da sua família, seu ponto de partida em se descobrir como pessoa.

Estudou *Kaballah* e começou a lecionar espiritualidade, em 2017. Daí para começar a trilhar o seu caminho propriamente dito foi muito rápido. *Kaballah*, espiritualidade feminina, óleos essenciais, juntar o mundo espiritual ao mundo físico, tudo se uniu e a vida começou a fluir de maneira deliciosa.

Este é seu primeiro livro, uma mistura de autobiografia com fantasias e um toque de autoterapia, em busca de maior entendimento de onde veio e se permitindo ser ela mesma.

ATIVIDADES:

- Cursos
- Palestras
- Consultora de óleos essenciais
- Sessão de autógrafos

CONTATOS:

- E-mail: monicakoren@icloud.com
- Instagram: @monica.koren